# Jesus gibt Leben

# Jesus gibt Leben

**der Werdegang
einer ganz normalen
Großstadtpflanze**

**Gitta Tost**

**Bibliografische Information der Deutschen Nationalbibliothek:**
Die Deutsche Nationalbibliothek verzeichnet diese Publikation
in der Deutschen Nationalbibliografie, detaillierte bibliografische
Daten sind im Internet über http://dnb.dnb.de abrufbar

© 2019
Herstellung und Verlag: BoD – Books on Demand,
Norderstedt.
ISBN: 978-3-7481-6617-7

# Inhalt

## Rückblick auf die Vergangenheit

Die meisten Menschen schreiben ihre Memoiren erst am Ende ihrer irdischen Laufbahn, was ja mehr als verständlich ist. Bei mir ist das etwas anders. Mein erstes Buch, in welchem ich unter anderem einen kurzen Abriss meines bisherigen Lebens lieferte, schrieb ich schon mit 42 Jahren. Ich hatte damals nicht die Absicht, diesem Buch eine Fortsetzung folgen zu lassen, zumal seitdem erst zehn Jahre vergangen sind. Die Situation erscheint vielen ungewöhnlich, aber es ist auch nicht selbstverständlich, was seit dem 27.11.2011 in meinem Leben passiert ist. Um es gleich vorwegzunehmen, an diesem Tag habe ich mich zu Jesus bekehrt. Mit anderen Worten, ich bin seitdem ein wiedergeborener Christ. Nun möchte ich euch auf die Reise durch die ersten Jahre meines neuen Lebens mitnehmen und hoffe, dass der eine oder andere beim Lesen zumindest ins Grübeln gerät. Der Titel dieses Buches wird so manchen Leser verwundern, aber die Erklärung ist ganz einfach. Im Jahr 2008 habe ich mit meiner schriftstellerischen Tätigkeit begonnen. Ich bin damals sehr viel gewandert, was eine neue Erfahrung für mich war. Das Resultat bestand in der Aufzeichnung der Erkenntnisse, die ich in dieser Zeit während der Wanderungen im Hoch- und Mittelgebirge gewinnen konnte. Der Titel des im Jahr 2010 erschienenen Buches lautete „Vom Sportmuffel zum Wanderfreak, der Werdegang einer ganz normalen Großstadtpflanze". Mir ging es damals vor allem darum zu zeigen, wie jeder Mensch sich mit wenig Mitteln dazu motivieren kann, aktiv zu werden, um sich sowohl körperlich als auch mental besser zu fühlen. Denn Wandern ist eine der schönsten Freizeitbeschäftigungen, die ich kenne. Man braucht keine besonderen Fähigkeiten oder Begabungen, um auch eine längere Distanz in der freien Natur zurück zu legen. Das Ziel einer jeden Wanderung besteht für mich in der eigenen Bestätigung, etwas geschafft zu haben. Und viele, die diese Freizeitbeschäftigung ebenfalls neu für sich entdeckt haben, oder die schon immer ein Freund der Natur waren, werden mir in diesem Punkt zustimmen. Aber ich habe wie gesagt in diesem Buch auch mein Leben beschrieben, das ich als junger Mensch und später als Erwachsener in zwei verschiedenen Gesellschaftssystemen geführt habe.

Ungefähr ein Jahr später erschien noch ein weiteres Buch von mir auf dem Markt, in welchem ich über Reiseerfahrungen berichtete, die ich alle im Jahr 2009 gemacht hatte. Dieses eine Jahr war ganz besonders wichtig für mich, weil ich in einem solch kurzen Zeitraum vier Reisen ins Ausland machen durfte. Die Erkenntnisse, die ich dabei gewinnen konnte, haben zum Teil sogar mein Weltbild verändert. In Dänemark, Ägypten, Südafrika und den USA konnte ich Kontakte zu den dort lebenden Menschen knüpfen und dabei ihre Lebensweise und Kultur etwas näher kennen lernen. So unterschiedlich die Länder sind, so verschieden sind auch die Ansichten derjenigen, die in ihnen leben. Nachdem 2011 dann das zweite Buch „Kurzgeschichte einer Weltreisenden, Reisebericht einer ganz normalen Großstadtpflanze", erschienen war, kam ein Jahr später die englische Version des Buches auf den Markt. Danach folgte eine schöpferische Pause, da ich als frisch bekehrter Christ eine Menge nachzuholen hatte. Ich wollte die Bibel studieren und verschlang deshalb eine Menge Sekundarliteratur zum Bibelverständnis. Und ich schwor mir damals, erst dann wieder ein Buch zu schreiben, wenn mich jemand darum bittet. Die Idee für ein neues Buch, in dem ich über meine Erfahrungen berichten wollte, hatte ich zwar schon eine Weile, aber ich schob diesen Plan immer wieder auf. Ich veröffentlichte aber viele Texte auf Facebook, weil ich die Leute in meiner Umwelt an meinen Erkenntnissen teilhaben lassen wollte. Seit 2015 habe ich in Facebook auch die Seite „Jesus gibt Leben". Dort sammle ich Spenden für ein Waisenhaus in Kamerun. Es ist einfach erstaunlich, wie Jesus auch diesbezüglich in mein Leben eingegriffen hat, denn die Idee für dieses Projekt kam natürlich nicht von mir allein. Aus diesem Grund habe ich diesem Buch diesen Titel gegeben.

Im Mai 2014 fragte mich nun tatsächlich ein Mann, ob ich für seinen Verlag ein Buch schreiben möchte. Dass aus der Veröffentlichung des Manuskripts vorerst nichts wurde, hatte verschiedene Gründe. Aber ich begann erneut mit meiner Autorentätigkeit. In dem vorliegenden Buch möchte ich euch nun berichten, was sich in den ersten sieben Jahren meines neuen Lebens als bekehrte Christin ereignete. Anhand meiner Geschichte kann vielleicht der ein oder andere erkennen, was mit demjenigen passiert, der sich Gott mit Herz und Seele zuwendet. Bekehrte Christen sind tatsächlich neue Menschen und fast alle verändern sich Schritt für Schritt zum Positiven. Es gibt die erstaunlichsten Geschichten, in denen Leute bekennen, wie Jesus ihr Leben umgekrempelt hat. Aus Verbrechern wurden sogar Pastoren und aus Drogensüchtigen Sozialarbeiter, weil diese Mitmenschen ganz besonders gut in der Lage sind, die Situation anderer Gestraucheiter zu erkennen und ihnen Wege aus ihrer Not und Verzweiflung zu zeigen. Gott liebt es besonders, vom Leben Benachteiligte zu sich zu ziehen. Noch interessanter ist es, wenn Menschen, die es sich zur Aufgabe gemacht hatten, gegen die Christen ins Feld zu ziehen, durch bestimmte Ereignisse in ihrem Leben die Wahrheit erkennen und später selbst zum Nachfolger Christi und Verkünder des Evangeliums werden. Sie sind die lebendig gewordene Geschichte des Apostels Paulus. Diese Tatsachen und die Hoffnung, dass sich noch sehr viele Menschen zu Jesus bekehren werden, sind für mich persönlich der Antrieb dafür, dass ich mich auch mit Gottes schlimmsten Gegnern auseinandersetze. Es ist nicht möglich, die Existenz unseres Schöpfers zu beweisen, weil er will, dass wir allein durch Glauben zu ihm finden. Für Gott wäre es ein Leichtes, durch übernatürliche Wunder seine Existenz unter Beweis zu stellen. Dies würde jedoch dazu führen, dass einige Menschen ihn nur aus Angst als ihren Herrn akzeptieren würden. Gott möchte jedoch, dass wir aus eigenem Antrieb, aus tiefster Überzeugung und Liebe zu ihm kommen. Meine eigene Geschichte ist nicht so spektakulär, aber es lohnt sich vielleicht doch, einen kleinen Blick hinter die Kulissen zu werfen, um letztendlich die einzige Wahrheit zu erkennen, nämlich dass Gott uns liebt und sich nichts sehnlicher wünscht, als dass alle Menschen gerettet werden. Was mich betrifft, ich war fast immer ein glücklicher und zufriedener Mensch. Gott hat mich mit allem versorgt, was ich für ein erfülltes Leben brauche. Er hat mich sogar über die Maßen gesegnet, denn ich besitze im Grunde genommen alles, was sich ein irdisches Wesen nur wünschen kann. Ich wäre froh, wenn ich etwas von meiner Freude, Dankbarkeit und Zufriedenheit weitergeben könnte und ich es schaffe, einige Menschen aus ihrer Gleichgültigkeit herauszureißen, indem ich ihnen durch diese Zeilen Hoffnung gebe.

Wer mein erstes Buch gelesen hat, der weiß, dass ich in Marienberg, einer Kleinstadt im Erzgebirge, aufgewachsen bin. Meine Eltern waren zwar gottesfürchtige Menschen, aber ihr Glaube hatte seine Grenzen. Oftmals nannte man in unserer Stadt die Kirchgänger, wie meine Eltern es waren, scherzhaft „U- Bootchristen", weil sie nur zweimal im Jahr in der Kirche auftauchten, zu Ostern und zu Weihnachten. Ich bin trotzdem fest davon überzeugt, dass sie beide an Gott glaubten und ihm den Respekt entgegenbrachten, der ihm gebührt. Nur schafften sie es nie, uns Kindern den wahren Glauben zu vermitteln, da sie während ihres irdischen Daseins Gott persönlich nie kennen gelernt haben. Mit anderen Worten, sie waren keine bekehrten Christen. Für meine Schwester und mich war es oft nicht leicht, ein gutes Verhältnis zu Gott zu haben. Wir waren als Kinder immer Außenseiter, weil wir zur Kirche gehen mussten und dies damals natürlich als

Zwang empfunden. Selbst im protestantischen Marienberg gab es wenige Gläubige und noch weniger bekehrte Christen. Aus Zwang wird schnell Ablehnung. Das ist sicher ein Grund dafür, dass meine Schwester mit Gott heute nichts mehr zu tun haben möchte. Wichtig ist auch die Tatsache, dass wir im Sozialismus aufgewachsen sind. Die Kirche wurde zu der Zeit damals zwar irgendwie toleriert, aber im Grunde genommen wurde jeder, der an Gott glaubte und dies offen bekundete, als unwissender Naivling abgestempelt, belächelt und bedauert. Einige aufrichtige Christen hatten sogar massive Probleme, indem ihnen zum Beispiel ein Studium verwehrt wurde. Die meisten Bürger der DDR waren Atheisten, weil es sich so leichter leben ließ. Durch die Erziehungs- und Bildungsarbeit in den Schulen wurde systematisch ein gottesfeindliches Weltbild aufgebaut und vermittelt, welches alle wissenschaftlichen Errungenschaften und Fortschritte als Resultat einer gewachsenen menschlichen Intelligenz betrachtet. Gott hatte in vielen Köpfen keinen Platz, weil der Mensch ja dann hätte zugeben müssen, dass es doch einen Schöpfer gibt, der die Kontrolle über alles hat, was mit und um uns geschieht. Der Mensch würde nicht mehr im Mittelpunkt des Geschehens stehen. Ich persönlich hatte immer das Gefühl, dass manche Leute befürchteten, dass wir als höchstbegabtes Lebewesen auf der Erde dann weniger wert wären. Im Zeitalter der Wissenschaften behaupten viele „moderne und fortschrittliche" Mitbürger, dass die Menschheit in den letzten Jahrhunderten aus eigenem Antrieb und mit selbst erworbenem Wissenspotential den enormen Schub in allen bekannten Wissenschaften hervorgebracht hat. Da ist kein Platz mehr für Geschichten voller Wunder, so wie sie in der Bibel stehen. Es wird dann höchstens noch daran geglaubt, dass Jesus Christus tatsächlich auf dieser Erde gelebt und den Menschen geholfen hat.

Dazu muss ich sagen, dass ich bis zum Tag meiner Bekehrung teilweise auch so gedacht habe. Ich konnte mir nicht vorstellen, wie all die Wunder der Bibel tatsächlich geschehen sein sollen. Aus menschlicher Sicht ist ja vieles auch gar nicht möglich. Viele Menschen denken: „Wunder sind nicht mehr zeitgemäß und stehen im Gegensatz zu den wissenschaftlich begründeten Erkenntnissen von heute." Nur darf man nicht vergessen, dass für Gott nichts unmöglich ist. Er ist der Geist, der alles aus dem Nichts erschaffen hat. Ohne Gott würde keiner von uns existieren, geschweige denn Empfindungen wie Hass und Liebe in sich spüren. Einige ungläubige Mitmenschen geben zumindest zu, dass sie bis heute keine plausible Erklärung dafür haben, wie das Universum entstanden ist. Aber sie sind felsenfest davon überzeugt, dass auch dieses Rätsel eines Tages von der Menschheit gelöst werden wird. Gott zeigt in manchen Situationen ganz offen seine Existenz, besonders bei Spontanheilungen. Diese können von den rational denkenden ungläubigen Menschen auch nicht erklärt werden, aber sie würden um keinen Preis der Welt zugeben, dass nur Gott zu solchen Taten in der Lage ist. Der Herr zeigt sich nicht allen gleich. Er sucht sich die Menschen aus, denen er Vertrauen entgegenbringen oder Erkenntnisse verschaffen möchte. Der Schöpfer würde niemals einem Atheisten beweisen, dass er tatsächlich existiert. Erstens braucht er das nicht zu tun und zweitens würde Gott nie jemanden unterstützen, der ihn verspottet. Auch mir fiel es früher schwer, Gott zu beschreiben, weil ich nicht wusste, wie ich seine Existenz definieren sollte. Es ist nicht leicht, einen Geist als real zu akzeptieren, den man mit menschlichen Sinnen nicht erfassen kann. Die meisten Menschen bestehen aus einem gut entwickelten Körper und einer Seele, durch die sie verschiedenste Empfindungen wahrnehmen können. Der Heilige Geist Gottes, der bei jedem Menschen unterschiedlich wirkt, macht jedoch den großen Unterschied aus. Gott sieht in die Herzen der Menschen und weiß ganz genau, wie sie sich fühlen und was sie denken. Wenn er merkt, dass jemand seine Nähe sucht, dann findet er einen Weg zu ihm. Noch vor wenigen Jahren hätte ich nicht so frei über unseren Schöpfer geredet, weil ich immer Angst davor hatte, als Idiotin abgestempelt zu werden. Aber ich war ja auch nicht bekehrt.

Gott wirkt in jedem, doch die Menschen wollen das oft einfach nicht wahrhaben. Man braucht doch nur einmal darüber nachzudenken, wie oft es durch Zufall im Leben eine Wende gegeben hat, die man so nicht erwartet hätte. Und wenn man dann umdenkt und begreift, dass dieser Zufall nur eine Lenkung in die richtige Richtung war, dann kann man erahnen, wie Gott wirkt. Selbst Menschen, die durch schlimme Lebensumstände zu Verbrechern wurden, können Gottes Gegenwart in geringem Maße spüren. Sie wissen ganz genau, wenn sie etwas Unrechtes tun, weil ihr Gewissen sie davon abhalten will. Aber je weniger das schlechte Gewissen sie noch plagt, umso weniger Einfluss hat Gott auf diese Menschen. Ich habe in den letzten Jahren sehr viel über solche Dinge nachgedacht, weil ich letzten Endes verstehen möchte, wie Gott unser eigenes Leben positiv beeinflusst. Dabei habe ich mich an viele kleine Begebenheiten erinnert, die ich in der Vergangenheit sehr eigenartig fand, welche ich damals aber als günstige Lebensumstände abgetan habe.

Ganz krass finde ich die Geschichte unserer Reise nach Dänemark im Jahr 1992. Wir wollten dort mit Freunden die Silvesterfeiertage verbringen und sind deshalb mit zwei Autos in Magdeburg gestartet und dann auf der Autobahn immer gen Norden gefahren. Damals waren wir so naiv, dass wir weder die Adresse des Urlaubsortes aufgeschrieben noch einen Autoatlas bei uns hatten, und Navigationssysteme und Handys gab es noch nicht. Das heißt, dass wir uns vollkommen auf unsere Freunde verließen, die den Weg kannten. Wie es in solchen Situationen dann oft geschieht, haben wir uns einige Stunden später wegen des schlechten Wetters und der geringen Sicht aus den Augen verloren. Zu dem Zeitpunkt waren wir aber schon mitten in Dänemark, also schon länger als zehn Stunden unterwegs. Als wir gerade aufgaben und wieder nach Deutschland zurückfahren wollten, kamen die Freunde mit ihrem Auto ungefähr zehn Meter rechts von uns entfernt einen Hügel heruntergefahren. So etwas passiert nicht einfach, da führt Gott die Menschen.

Ein anderes Beispiel; in Hamburg wollten mein Partner und ich eine Freundin besuchen. Die Adresse hatte ich auf dem Weg dorthin im Auto so verlegt, dass wir sie bei der Ankunft in der Hansestadt nicht mehr finden konnten. Ich erinnerte mich nur noch an die Straße, in der sie wohnte. Die erste Person, die uns auf dem Fußweg entgegenkam und die wir fragten, ob sie meine Freundin kennen würde, war ihre Nachbarin, die uns gleich mitnahm, weil sie auf dem Weg nach Hause war. Im Nachhinein haben wir erfahren, dass diese Straße mehrere Kilometer lang ist. Aus eigenem Antrieb hätten wir die richtige Adresse also nie gefunden. In diesem Fall stimmte das Timing, also Ort und Zeit, perfekt. Und noch ein Beispiel; mit meinen Eltern wollten wir, mein Partner und ich, uns an einem Wochenende in Rangsdorf treffen. Sie hatten dort einen Bungalow gemietet. Als wir in dem kleinen Ort ankamen, fiel uns der Name der Straße nicht mehr ein, in welcher sich der Bungalow befand. Ich sah das Ganze anfangs noch nicht weiter dramatisch, weil ich dachte, dass Rangsdorf nicht so groß sein könne. Als wir am Ortseingang einen Mann danach fragten, wo sich die Bungalows befinden, dachte er, wir würden uns über ihn lustig machen und antwortete etwas beleidigt, dass es dort mehr als eintausend Bungalows gäbe. Den Richtigen zu finden, ist in diesem Fall so gut wie aussichtslos. Wir versuchten es trotzdem und trafen meine Eltern letztendlich, weil meine Mutter genau zu der Zeit aus dem Fenster des Bungalows schaute, als wir noch eine letzte Runde durch das Bungalowdorf drehten, bevor wir ergebnislos nach Hause zurück gefahren wären. Ein anderes Mal wollten wir uns mit Freunden an einem See treffen. Aber auch hier wussten wir nicht genau, wo sich der Bungalow befand. Gefunden haben wir sie dann direkt am Seeufer, da sie just in dem Moment badeten, als wir dort ankamen. Bei all dem Berichteten muss man bedenken, dass es Anfang der Neunziger noch keine Handys gab, wir uns demzufolge nicht so einfach verständigen konnten, wenn wir uns aus den Augen verloren hatten. Aber ich muss natürlich auch zugeben, dass wir sehr blauäugig durchs Leben gegangen sind. Während meines Auslandsstudiums in Odessa ist mir eine weitere Supergeschichte passiert. Es war an einem der Prüfungstage, als alle meine Mitbewohnerinnen morgens noch voller Stress im Zimmer hin und her liefen, weil sie so aufgeregt waren. Wir waren viel zu früh aufgestanden und ich wusste deshalb nicht, wie ich mir die Zeit vertreiben sollte. Deshalb setzte ich mich auf mein Bett und lernte noch schnell ein Gedicht in russischer Sprache. Wie staunte ich, als ich genau dieses Gedicht während meiner Prüfung aufsagen sollte. Es gab ja noch eine Menge anderer Gedichte zur Auswahl. Solche oder ähnliche Geschichten kann bestimmt jeder erzählen. Es passiert oft, dass Gott hilfreich ins Geschehen eingreift. Viele sagen dann, dass sie zufällig zur richtigen Zeit am richtigen Ort gewesen sind. Komisch erscheint ihnen die Situation nur dann, wenn sich die Zufälle häufen, denn zu viel Glück kann doch niemand haben.

Die Geschichte, wie ich zu meinem jetzigen Arbeitsplatz als Sozialarbeiterin gekommen bin, erzähle ich oft und gern meinen Klienten. Ich möchte ihnen damit zeigen, dass sich Engagement jeder Art lohnt und dass man einfach alles versuchen sollte, um Erfolg zu haben. Man sollte niemals aufgeben, auch wenn die Lebenssituation aussichtslos erscheint, weil man denkt, dass jede menschliche Anstrengung, mit der man sich aus der misslichen Lage befreien könnte, keinen Sinn ergibt. Wenn Gott hilfreich zur Seite steht, findet er für uns doch einen Ausweg. Nach dem Studium arbeitete ich in Leipzig als Lehrerin. Der Beruf war nicht geeignet für mich. Ich arbeitete zwar sehr gern mit jungen Menschen und führte noch viel lieber Gespräche mit ihnen, aber alles andere bereitete mir wenig Freude. Ich betete deshalb eines Tages zu Gott: „Bitte gib mir eine Arbeit, die mir gefällt, am besten den Job als Sozialarbeiterin!" Zu diesem Zeitpunkt glaubte ich schon, dass es Gott gibt. Aber eigentlich dachte ich nicht, dass er Gebete wirklich erhört und direkt auf das Handeln der Menschen einwirkt. Ich war damals ein normal sündiger und nicht immer ehrlicher Mensch, und meine Vorstellungen gingen schon in die Richtung, dass Gott mich eines

Tages dafür richten wird, wenn ich gestorben bin. Aber ich redete mir auch ein, dass ich bis dahin ja noch viel Zeit hätte und es schon nicht allzu schlimm werden würde. Außerdem tröstete ich mich mit dem Gedanken, dass es eine Menge Leute gibt, deren Verhalten noch viel schlimmer ist als meins. Auf diese Weise beruhigte ich mein schlechtes Gewissen. Glücklich war ich mit meiner Handlungsweise deshalb trotzdem nicht. Dass Gott jetzt und immer real existiert und meine Schwächen auch in diesem Moment sah, darauf wäre ich nie gekommen. Das liegt vor allem daran, dass nicht bekehrte Christen, die zwar irgendwie an die Existenz Gottes glauben, sich aber nie zu Jesus Christus bekehrt haben und damit wiedergeboren sind, keine echte Beziehung zu Gott haben, sie also sein Wirken auch nicht direkt spüren können. Ich verließ im Sommer 1995 Leipzig, weil ich mir in Magdeburg eine neue Existenz aufbauen wollte. Exakt ein halbes Jahr nach meinem Gebet bekam ich den Job, um den ich Gott gebeten hatte. Das Timing war perfekt, weil die Arbeitsstelle in dem Moment frei wurde, als ich noch auf Arbeitssuche in Magdeburg war. Die Kollegin, die bis dahin im Migrationsdienst für Jugendliche gearbeitet hatte, wechselte intern zur Schwangerschaftsberatung. Die Geschäftsführerin des Magdeburger Kreisverbandes der AWO musste ganz schnell einen Nachfolger finden, damit die Weiterfinanzierung dieser Stelle gesichert war.

Einige Monate früher hatte ich an alle Wohlfahrtsverbände der Stadt Blindbewerbungen geschickt, in denen ich mich für einen Arbeitsplatz als Sozialarbeiterin bewarb. Heute wäre dies gar nicht mehr möglich, weil ich als Lehrerin eine völlig andere Ausbildung bekommen hatte. Aber damals gab es noch nicht genügend ausgebildete Sozialarbeiter in Ostdeutschland, weil diese Studienrichtung hier ja erst seit der Wende angeboten wurde. Meine Chefin hatte sich daran erinnert, dass meine Bewerbung noch in ihrem Schreibtischschubfach lag. Mit meinen Qualifikationen war ich gut für diesen Job geeignet. Außerdem hatte ich mich in Leipzig schon mit Spätaussiedlern befasst, weil sich ihr Wohnheim in der Nähe unserer Schule befand. Das sind die Nachkommen der vor Jahrhunderten nach Russland ausgewanderten Deutschen, die heute vorwiegend aus diesem Land oder aus Kasachstan nach Deutschland kommen. Von sehr großem Vorteil war außerdem, dass ich Russisch sprechen kann. Die ersten Migranten, die nach Magdeburg kamen, stammten fast alle aus dem osteuropäischen Raum. So konnte ich mich sehr gut mit ihnen verständigen, und der Ansturm auf unsere Beratungsstelle riss schon deswegen nie ab. Und urplötzlich wurde mir klar, warum ich fünf Jahre Russisch studiert hatte. Nach der Wiedervereinigung Deutschlands wurden nämlich im Ostteil keine Russischlehrer mehr eingestellt. Die Menschen hatten genug davon, dass sie Jahrzehnte lang eine Sprache lernen mussten, die ihnen nicht gefiel. Aber in meinem neuen Job brauchte ich sie auf einmal wieder. Gott sieht jede Situation voraus und weiß heute schon, was in ein paar Jahren benötigt wird. Deshalb hat er es mir auf Umwegen ermöglicht, das Abitur zu erlangen und mein Studium erfolgreich abzuschließen. Auf dem Weg dahin sind viele Dinge passiert, die ich damals nur verwundert zur Kenntnis nahm. Heute weiß ich, dass Gott schon damals sehr oft helfend in mein Leben eingegriffen hat.

## Meine Wiedergeburt am 27.11.2011

Ich arbeite seit 1996 als Migrationsberaterin bei der AWO. Ehe ich auf den Tag meiner Wiedergeburt zu sprechen komme, möchte ich noch schnell ein paar Jahre zurückgreifen. Ich wohne in einer Großstadt, die dadurch geprägt ist, dass es als Folge der vierzigjährigen Umerziehung der Menschen in der DDR kaum noch Christen in ihr gibt. Natürlich hatten wir in diesem Staat Meinungsfreiheit, aber Magdeburg war immer eine Arbeiterstadt, in der es sicher nicht einfach für diejenigen war, die ihren Glauben offen leben wollten. Ich bin wie gesagt in einer anderen Gegend aufgewachsen und wurde deshalb in meiner Kindheit schon mit dem Glauben an Gott konfrontiert. Der Herr hat mich Ende der 90er in eine Gemeinschaft gesetzt, die nur aus ungläubigen Menschen besteht. Manchmal frage ich mich schon, worin der Sinn besteht. Aber vielleicht wollte er einfach nur, dass ich auf all die Leute Einfluss nehme, damit er sie letztendlich durch mich auf den richtigen Weg bringen kann. Alle meine Verwandten und Freunde sind bis heute ungläubige Menschen, die zum Teil sogar massiv alle Religionen ablehnen. Aber die Toleranz reicht bei uns immer so weit, dass wir uns mit Respekt begegnen und den Willen des anderen akzeptieren. Meine Kinder sind beide getauft worden, obwohl die restliche Verwandtschaft darin sicher keinen Sinn sah. Ich hatte immer ein vages Gefühl, dass der Schöpfer auf unser Handeln und unsere Lebensweise Einfluss nimmt. Er tut dies auch schon bei Menschen, die erst in ein paar Jahren zum Glauben finden. Viele werden jetzt schon auf ihre spätere Aufgabe vorbereitet. Als sogenannter Namenschrist, der sich nur als solcher bezeichnet, besuchte ich die Kirche höchstens zu Weihnachten. Heute kenne ich den Grund dafür. In allen Kirchen, in denen ich bis zum November 2011 den Gottesdienst besucht hatte, predigte ein liberaler Pastor. Das sind Geistliche, die keine bekehrten Christen sind und die auch nicht daran glauben, dass die Bibel das Wort Gottes ist. Mir wird es immer ein Rätsel bleiben, wie jemand in solch einem Beruf arbeiten kann, wenn er nicht an das rettende Opfer Jesu glaubt. Diese Menschen predigen Humanismus und nicht das Evangelium. Wir sollen Mitleid mit allen Geschöpfen dieser Erde haben und nichts Böses tun. Wenn ich mir solch einen Vortrag anhöre, dann kann ich mir auch die örtliche Volkszeitung anschauen. In ihr steht genau das Gleiche. Auf das, worauf es bei der Verkündigung des Evangeliums wirklich ankommt, sind diese Pastoren niemals eingegangen. Ich habe nie das Wort Hölle in irgendeiner Predigt gehört. Dabei ist der Hinweis, dass wir uns zu Jesus Christus bekehren müssen, wenn wir das ewige Leben bei Gott erhalten wollen, die wichtigste Botschaft an die Menschheit überhaupt. Ich war zu dieser Zeit also ein gläubiger aber nicht wissender Christ. Es ging mir genauso wie meinen Eltern, die auch nie davon gehört hatten, dass sie sich bekehren müssen, wenn sie die Ewigkeit im Himmel verbringen möchten. Aber ich bin mir trotzdem ziemlich sicher, dass sie beide jetzt bei Gott sind, da sie ziemlich früh verstorben sind aber auf Erden immer ein gottesfürchtiges Leben geführt haben.

Meine Bekehrung und die Vorbereitung darauf war jedoch ein Wunder Gottes. Eines Tages erschien ein Fremder in meinem Büro. Er suchte einen ausländischen Freund, den ich jedoch nicht kannte. Dieser junge Mann stellte sich so vor: „Mein Name ist Robert. Ich bin Lehrer und Missionar." Mich beeindruckte diese Offenheit sehr. Ich fragte mich, was jemanden dazu bewegt, so selbstverständlich mit seinem Glauben umzugehen. Er konnte doch gar nicht wissen, auf wen er trifft. Ich hätte genauso gut jemand sein können, der Gott ablehnt. Meine Neugier war geweckt, und ich unterhielt mich noch eine Weile mit diesem jungen Mann. Im Normalfall wäre es bei dieser einen Begegnung geblieben, aber Gottes Pläne sehen oft anders aus, als wir es vermuten. In unserem Jugendmigrationsdienst können junge Menschen unter anderem Deutsch lernen. Zu der Zeit unterrichtete ein Student die jugendlichen Migranten. Genau an dem Tag, an dem mir Robert seine Visitenkarte hinterlassen hatte, teilte uns der Lehrer mit, dass er nach Berlin umziehen wird. Honorarkräfte können ihr Arbeitsverhältnis jederzeit und ohne Nennen von Gründen auflösen. Aber mein Kollege und ich standen nun vor dem Problem, von heute auf morgen einen

Ersatzlehrer zu finden. Diese Person musste zwar für die Tätigkeit geeignet und genügend qualifiziert sein. Aber sie konnte für diese anspruchsvolle Arbeit nur wenig Honorar bekommen, weil unser Budget sehr begrenzt ist. Mein Kollege war ratlos, aber mir fiel der junge Mann wieder ein, der mir seine Visitenkarte hinterlassen hatte. Noch am gleichen Tag schrieb ich Robert eine Mail und bat ihn, zu einem Gespräch vorbeizukommen. Er erschien tatsächlich, und damit war unsere Situation gerettet. Aber was ich zu dem Zeitpunkt noch nicht wusste, dieser junge Mann würde mein gesamtes Leben auf den Kopf stellen. Gott hatte ihn zu mir geschickt, weil er Pläne mit mir hat, die sogar bis zum Schreiben dieses Buches reichen. Vor meiner Bekehrung wäre ich nie auf die Idee gekommen, andere zum Glauben zu bringen, aber heute ist die Lage völlig anders.

Die folgenden zwei Jahre arbeitete Robert bei uns als Lehrer und es ergab sich oft die Gelegenheit zum Reden. Am meisten beeindruckte mich, dass dieser junge Mann auf jede Frage, die den Glauben an Gott betrifft, eine passende Antwort parat hatte. Ich habe bis heute das Gefühl, dass er die gesamte Bibel in und auswendig kennt. Er argumentierte immer so exakt, dass ich ihm einfach glauben musste. Und jedes Mal, wenn wir uns miteinander unterhalten hatten, fühlte ich mich danach gelöst und innerlich frei. Damals wirkte der Heilige Geist schon auf mich ein und brachte mir den inneren Frieden, den ich brauchte und den ich immer gesucht hatte. Als Robert mir sagte, dass er einen persönlichen Kontakt zu Gott hat, konnte ich das anfangs nicht akzeptieren. Aber je länger er mir von sich und seinem Leben erzählte, umso glaubwürdiger erschien mir alles. Er war es auch, der mir erklärte, dass wir uns zu Lebzeiten bekehren müssen, wenn wir nicht in der Verdammnis enden wollen. Trotzdem er so messerscharf argumentierte und mich letztendlich überzeugen konnte, dauerte es zwei volle Jahre, bis ich die Entscheidung für meine Bekehrung traf. Der junge Mann teilte mir mit, dass Gott auch durch andere Menschen zu uns spricht und dass er sich manchmal selbst darüber wundert, dass er über so viel biblisches Wissen verfügt. Dann passierte eines Tages etwas Seltsames. Robert saß an seinem Lehrertisch und bereitete sich auf den Unterricht vor. Ich bemerkte sofort, dass ihn etwas bedrückte und dass er unglücklich war. Das passte gar nicht zu ihm, weil er immer eine große Lebensfreude ausstrahlte. Natürlich fragte ich ihn, was los sei. Er teilte mir mit, dass er bei seinen Schwiegereltern in Litauen um die Hand seiner zukünftigen Frau anhalten wolle. Aber er habe nicht genügend Geld, weil er noch auf eine ausstehende Honorarzahlung warte. Ganz spontan bot ich ihm an, ihm sechshundert Euro zu borgen, das Doppelte von dem, was er gebraucht hätte. Ich kann bis heute nicht sagen, warum ich das getan habe. Die Worte sind nur so aus mir herausgesprudelt, weil mir die Entscheidung einfach richtig erschien. Ich wusste genau, dass ich das Geld zurückbekommen würde. Also besorgte ich den Betrag und Robert sagte später: „Als ich heute Morgen zu Gott gebetet habe, sagte er zu mir, dass ich mir keine Sorgen wegen des Geldes machen solle. Ich würde mehr bekommen, als ich brauche. Und ich soll nicht um Geld bitten." Genauso ist es gekommen, und genauso wirkt Gott im Leben der Menschen. Nach zwei Jahren musste Robert uns verlassen, weil er zum Auslandsstudium nach Polen ging.

Aber das war genau der Zeitpunkt, an dem ich bereit war, um mein Leben Gott zu übergeben. Auch da gab es ein perfektes Timing. Es war an einem Sonntag, als ich abends allein in unserem Wohnzimmer saß. Die Kinder waren schon im Bett und mein Partner nicht zu Hause. Ich saß vor meinem Laptop und war etwas deprimiert, weil ich mit meinem Leben nicht so zufrieden war. Im Job lief es nicht optimal, weil die Klienten nicht in dem Maße zu uns fanden, wie es uns lieb gewesen wäre. Ich wollte gerade ein Video auf Youtube anschauen, welches eher einen zweifelhaften Inhalt hatte, als rechts oben aus dem Nichts ein Videovorschlag erschien, in welchem eine Frau darüber berichtete, wie sie zu Gott gefunden hatte. Das war eindeutig eines der vielen Wunder Gottes, denn ich hatte im Suchbegriff nichts eingegeben, was mit dem Glauben zu tun hätte. Dieses Video hätte also logischerweise gar nicht erscheinen können. Aber ich war neugierig, und deshalb schaute ich mir den Kurzfilm an. Ich war so fasziniert von den Lebensberichten der frisch bekehrten Christen, dass ich mir an dem Abend noch mindestens fünf weitere gleichartige Filme ansah. In jedem teilte eine Person mit, was sie persönlich erlebt hatte und wie diese spezielle Lebenssituation dazu führte, dass sie sich zu Jesus bekehrte. Am Ende des Filmes erschien ein Text für ein Gebet, mit welchem man sich zu Jesus bekehren konnte. Ich hatte zwar Angst davor, dass sich bei mir überhaupt nichts zeigen oder verändern würde, wenn ich dieses Übergabegebet sprechen würde. Aber letzten Endes tat ich es doch, weil ich mir dachte, dass ich nichts zu verlieren hätte. Ich sprach es einfach nach: „Lieber Gott, ich bereue all die vielen Sünden, die ich begangen habe, bewusst und unbewusst. Ich möchte mit Jesus an meiner Seite ein neues Leben beginnen und nehme deshalb das Opfer, das du für uns gegeben hast, dankbar an." Eine sofortige Veränderung konnte ich nicht spüren. Ich merkte nur, wie ich innerlich ganz ruhig, ausgeglichen und zufrieden wurde. Mir wurde mit einem Schlag bewusst, wie oft ich schon in meinem Leben gesündigt hatte. Ich hätte nie gedacht, dass mir einmal etwas so leidtun würde.

Gleich danach ging ich ins Bett und hatte in dieser Nacht den einzigen Traum, in welchem Jesus zu mir sprach. Ich war trotz der Freude über die Veränderung verärgert, verunsichert und deprimiert, weil ich nun die Einzige weit und breit war, die diesen Weg gegangen war. Ich fragte Jesus, wozu das alles gut sein soll, wenn ich am Ende doch allein bleibe. Er antwortete, ich solle mir keine Sorgen machen. Alles würde gut werden und sich zum richtigen Zeitpunkt ergeben. Ich solle nur so weitermachen wie bisher und z.b. im Internet anderen von mir und meinen neuen Erfahrungen berichten. In dieser Nacht konnte ich ruhig schlafen, aber schon am nächsten Tag begann ich damit, in der Bibel zu forschen und mich in anderen Büchern über das Wort Gottes zu informieren. Früher habe ich nie in der Bibel gelesen, weil ich den Inhalt schlicht und einfach nicht verstanden habe. Das hatte ich auch Robert mitgeteilt, aber er sagte nur, dass der Heilige Geist mir dabei helfen würde, dieses Buch zu erschließen. Genauso ist es gekommen. Heute verstehe ich das Meiste. Es ist schon erstaunlich, wenn ich darüber nachdenke, wie meine ersten Schritte in ein neues Leben aussahen. Als erstes fiel mir auf, dass der Heilige Geist tatsächlich in mir wirkte. Auf einmal gelangen mir Dinge, die vorher unmöglich zu bewältigen waren. Es gibt bis heute vor allem in meinem Job so viele Situationen, in denen man keinen Ausweg wüsste und aufgeben müsste. Doch der Heilige Geist zeigt mir, was ich tun soll. Es ist schon verblüffend. Ganz am Anfang bekam ich noch mehr Hilfe. Ich war ja wie ein kleines Baby im Glauben, das nichts allein tun kann. Ich konnte nichts mehr unterschreiben oder ausfüllen, was nicht der Wahrheit entsprach. Ein Kreuz an der falschen Stelle war für mich früher keine große Sache gewesen. Das taten schließlich alle. Aber nun konnte ich noch nicht einmal meine Hand bewegen, wenn ich so etwas tun wollte. Genauso erging es mir mit dem Autofahren. Es war schlicht unmöglich, die geforderte Geschwindigkeit zu überschreiten. Ich konnte so viel Gas geben, wie ich wollte, aber das Auto wurde nicht schneller. Das war alles sehr mysteriös, hat mir aber vor allem am Anfang sehr geholfen.

Seit dem 27.11.2011 bin ich nun ein bekehrter Christ und als solcher bemühe ich mich täglich, die anderen davon zu überzeugen, auch diesen Weg zu gehen. Gott ist kein Fabelwesen, er existiert wirklich und hilft denjenigen, die an ihn glauben. Es gibt unzählig viele Situationen, in denen ich direkte Hilfe erhalten habe. Ich spüre das Wirken des Heiligen Geistes fast täglich durch kleine Dinge. Aber ich werde natürlich nur über die auffälligsten Fälle berichten, weil sonst das Buch kein Ende nehmen würde. Sich zu Gott zu bekehren, heißt nichts anderes, als zurückzukehren zu Gott. Und der Herr belohnt diesen Schritt, indem er uns schon jetzt das Leben angenehmer gestaltet. Ein bekehrter Christ kann natürlich trotzdem krank werden oder ist auch nicht davor geschützt, Sünden zu begehen. Dieses Laster tragen wir ein Leben lang mit uns herum, aber bekehrte Christen wollen im Normalfall das Böse gar nicht mehr tun. Manchmal merke ich richtig, wie mein Herz vor Liebe übersprudeln könnte. Menschen, die ich früher abgelehnt hätte, sind mir auf einmal wichtig. Und ich tue Dinge, die für einen Ungläubigen undenkbar wären. Aber nicht durch Taten werden wir vor Gott gerecht und deshalb werde ich mich auch nicht dessen rühmen, was mir passiert ist. Ich erzähle diese Geschichten, damit wir alle lernen, wieder an Wunder zu glauben. In diesem Buch geht es also vordergründig nicht um mich selbst, sondern um die Mitmenschen, deren Schicksal durch das Einwirken Gottes und indirekt auch durch mein verändertes Wesen sich zum Guten wendete. Mir hat mal jemand gesagt, dass selbst der reichste Mensch, der sich materiell alles leisten kann, letzten Endes kein erfülltes Leben führen wird, weil er die innere Ausgeglichenheit nicht hat. Er strebt immer mehr nach der Befriedigung weltlicher Bedürfnisse und kommt doch nicht zur Ruhe, weil diese Dinge kein Ersatz für die Liebe Gottes sind. Wer Gott in seinem Herzen hat, der fühlt sich einfach nur glücklich und zufrieden. Wenn das auch dein Lebensziel ist, wenn du dir nichts sehnlicher wünschst, als endlich Frieden im Herzen zu fühlen, dann lies dieses kleine Büchlein! Vielleicht eröffnet es dir neue Perspektiven für dein weiteres Leben.

**Swetlanas Glück**

Gleich nach meiner Bekehrung wollte ich meine neuen Erkenntnisse mit anderen teilen. Ich begann sofort, allen davon zu erzählen, wie wichtig es ist, sich zu Lebzeiten zu bekehren, damit wir das ewige Leben erhalten können. Wer von seinem bisherigen Leben umkehrt, vor Gott seine Sünden bereut und das Opfer Jesu, das er für uns gebracht hat, annimmt, der wird schon hier auf Erden ein erfülltes Leben haben. Ich weiß nicht, wie das konkret in anderen Ländern aussieht, aber auf Deutschland trifft das hundertprozentig zu, weil Christen in unserem Land wegen ihres Glaubens an Jesus nicht verfolgt und getötet werden. Es ist natürlich unheimlich schwer, die Menschen, die bisher mit dem Evangelium nicht in Kontakt gekommen sind und eine völlig andere religiöse oder antireligiöse Erziehung erhalten haben, von der frohen Botschaft zu überzeugen. Bis heute konnte ich nur wenige Menschen erreichen, obwohl ich täglich auf Facebook über meine Erfahrungen berichte, die ich durch den Heiligen Geist, der nun in mir aktiv ist, machen darf. Ich wollte vor allem in der Anfangszeit meines neuen Lebens Kontakt zu Gleichgesinnten knüpfen, damit ich mit meinem Glauben nicht allein bin. Also suchte ich fieberhaft nach einer Gemeinde, in der der Heilige Geist präsent ist. Ich ging seit Jahren das erste Mal wieder an einem Sonntag in die Kirche, und zwar in die Gemeinde in meinem Stadtbezirk. Während des Gottesdienstes merkte ich, dass etwas nicht stimmte. Der Heilige Geist war nicht unter uns. Das konnte nur einen Grund haben, nämlich dass wir einen liberalen Pastor hatten, der kein bekehrter Christ ist und wahrscheinlich auch nicht an die Wahrheit der Bibel glaubt. Bis zu diesem Zeitpunkt hätte ich das nicht für möglich gehalten. Aber es ist tatsächlich so, dass verschiedene Pastoren diesen Beruf ausüben und in ihren Gemeinden den puren Humanismus predigen. Für sie steht der Mensch im Mittelpunkt und nicht Gott, unser Schöpfer. Man kann diese Pastoren unter anderem daran erkennen, dass ihre Gemeinden schrumpfen. Wie kann ich jemanden für Gott begeistern, wenn ich noch nicht einmal selbst an ihn glaube? Und die wichtigste Aufgabe eines Pastors besteht eben darin, die Menschen für das Evangelium zu gewinnen. Gott zeigte mir dann, in welche Gemeinde ich gehen soll. Ich hatte mich daran erinnert, dass vor ein paar Jahren die Eltern eines jugendlichen Migranten in meinem Büro Hilfe suchten. Sie sind Gemeindemitglieder in der Freikirche der Baptisten.

In diese Kirche ging ich nun und erlebte, wie ein Gottesdienst abläuft, in dem der Heilige Geist zu spüren ist. Es waren ca. 200 Christen versammelt. Ich suchte mir einen Platz am Rande einer Sitzreihe ungefähr in der Mitte des großen Kirchenraumes. Kurz bevor der Gottesdienst begann, fragte mich eine Frau, ob die drei Plätze neben mir frei seien. Ich schaute nicht hoch, sondern bejahte nur die Frage. Diese Christin und ihre zwei Kinder schoben sich an mir vorbei, und sie setzten sich sofort hin. Wenige Sekunden später sprach mich die Frau an, weil sie total überrascht war, mich dort zu treffen. Es war genau dieselbe Person, die vor Jahren zu mir ins Büro gekommen war und die ich in den Folgejahren persönlich sehr gut kennenlernte, weil wir auch privat Kontakt zueinander aufnahmen. Wir bekamen nämlich beide zur gleichen Zeit ein Baby, und deshalb trafen wir uns damals öfter mit unseren Kindern. Dass das Treffen im Gottesdienst göttliche Fügung war, konnte ich vor allem später feststellen, da diese Frau schon seit Monaten nicht mehr in der Kirche war. Und auch danach habe ich sie sehr selten dort getroffen. Heute ist sie sogar kein Mitglied der Gemeinde mehr. Wie groß ist die Wahrscheinlichkeit, dass sich eine Bekannte genau neben mich setzt, wenn es überall noch freie Plätze gibt und sich im Gottesdienstraum doch recht viele Menschen aufhalten?

Gott wollte mir zeigen, dass ich hier richtig war. Dennoch kann ich mich bis heute nicht von meiner Stammgemeinde trennen, weil ich evangelisch-lutherisch erzogen wurde. Die Baptistengemeinde legt unheimlich viel Wert auf das öffentliche Bekenntnis des Christen zum Vater und zur Gemeinde. Eine Taufe wird wie ein Fest zelebriert. Ich habe nichts gegen diese Sichtweisen, aber mir gefällt die Darstellung meiner Person vor versammelter Gruppe überhaupt nicht. Andererseits kann ich den Grund-gedanken schon verstehen. Jesus sagte, dass wir uns zum Zeichen seiner Nachfolge taufen lassen sollen. Er meinte, dass wir dies als Erwachsene im vollen Bewusstsein dessen, was wir tun und was unser eigener Wille ist, machen. Die evangelisch- lutherische Kirche tauft bereits die kleinen Babys, weil dort die Auffassung besteht, dass sie so von Anfang an den vollen Schutz Gottes erhalten. Für mich macht die Erklärung der Baptisten ehrlich gesagt mehr Sinn. Und trotzdem kann ich mich nicht dazu durch-ringen, die Gemeinde zu wechseln. Tief in meinem Inneren schlummert auch weiterhin die Hoffnung, dass in Zukunft in Magdeburg viele andere Gemeinden reformiert werden und die Pastoren endlich ihrer eigentlichen Arbeit nachgehen, nämlich die Menschen für das Evangelium zu gewinnen und die Gemeinschaft der Heiligen zu vergrößern. Vielleicht werde ich dann gerade dort vor Ort gebraucht. Trotzdem war ich einige Jahre in der Gemeinde der Baptisten ehrenamtlich tätig. Wir unterstützten Kinder bei den Hausaufgaben und den Vorbereitungen auf Klassenarbeiten. Zu helfen und nichts weiter dafür zu bekommen als Kinder etwas glücklicher zu machen, das gab mir ein Gefühl der Zufriedenheit. Wenn sie sich über ihre Erfolge in der Schule freuten, dann machte uns das auch stolz. Wir wussten, dass wir einen guten Beitrag geleistet hatten, um diesen Kindern wieder den Willen zu geben, erfolgreich in der Schule zu sein. Sie kamen zum Teil aus zerrütteten Familien, in denen sich die Eltern nicht die Zeit nehmen, auf ihre Sorgen einzugehen. In persönlichen Gesprächen konnten wir sehr viel über die Nöte dieser kleinen Wesen erfahren. Sie brauchen wie jeder andere auch einfach jemanden, der ihnen zuhört, sie versteht und ihren Problemen Beachtung schenkt. Manche Eltern haben es wirklich nicht leicht, wenn sie viele Kinder versorgen müssen und ständig überlastet sind. Wir hofften, dass von unserer Liebe auch etwas auf die Kinder und ihre Eltern überspringen würde. Im Sommer 2015 beendeten wir jedoch das Projekt, weil die Zahl der bedürftigen Schüler nachließ, ein Nachhilfelehrer für Mathematik nun auch schon 80 Jahre alt geworden und ich in meinem Job zeitlich viel mehr eingebunden war. Ideen für neue Hilfsangebote wird es jedoch immer wieder geben, und so sehe ich auch diesbezüglich optimistisch in die Zukunft.

Nun komme ich aber endlich auf meinen Schützling Swetlana zu sprechen Meine Aufgabe als Sozialarbeiterin beim Jugendmigrationsdienst der AWO besteht darin, jungen Migranten, die aus der ganzen Welt nach Magdeburg gekommen sind, um hier den Rest ihres Lebens zu verbringen, bei ihren ersten Schritten in der neuen Heimat behilflich zu sein. Dies ist ein sehr interessanter Job, weil die Jugendlichen tatsächlich aus Ländern von allen Erdteilen kommen und den Weg aus den unterschiedlichsten Gründen nach Deutschland gefunden haben. In den ersten Jahren betreute ich fast aus- schließlich Jugendliche, deren Muttersprache Russisch war. Für mich war das sehr günstig, weil ich mich problemlos mit ihnen unterhalten und einen besseren Zugang auf der emotionalen Ebene bekommen konnte. Im Juli 2006 besuchte mich ein Mann in meinem Büro, weil er für seine Tochter Swetlana kein Kindergeld mehr bekam. Sie war soeben 18 Jahre alt geworden, und deshalb wollte die Familienkasse eine Information darüber erhalten, welcher Tätigkeit sie nachging. In dem Gespräch stellte sich heraus, dass das Mädchen geistig behindert war und sich seit der Ankunft in Deutschland ausschließlich zu Hause aufgehalten hatte. Die Eltern hatten nie finanzielle Unterstützung für die junge Frau beantragt oder irgendetwas für sie unternommen, weil sie aus einem Dorf in Russland kamen, wo körperlich und geistig behinderte Menschen nicht gefördert werden. Sie werden dort im Haushalt mit eingespannt und oftmals tagsüber von den Großeltern betreut. Swetlana hatte in Russland keine Schule besucht und kann deshalb weder lesen noch rechnen oder schreiben. Aber sie spricht perfekt Russisch, was auf einen gewissen Geisteszustand schließen lässt.

Damals hatte ich nicht nur das Ziel, für die junge Frau alle Wege frei zu machen, damit die Familie für sie finanzielle Unterstützung bekommt. Ich wollte auch, dass sie in die Gesellschaft integriert wird und in einer speziellen Werkstatt arbeiten kann. Unser erstes Treffen werde ich nie vergessen. Wir standen an einem nassen und kalten Herbsttag vor dem Eingang des Betreuungsgerichts, wo wir die gesetzliche Vertretung der Eltern für die Tochter beantragen wollten. Swetlana trug nur Hausschuhe an den Füßen. Ich war entsetzt und fragte die Eltern, warum sie keine Straßenschuhe angezogen hätte. Die Antwort des Vaters lautete: „Sie geht doch nie raus, da braucht sie auch keine Schuhe." Swetlana hatte also bis dahin noch nicht einmal eigene Schuhe und auch nur sehr selten die Wohnung verlassen. Sie war sehr verschüchtert und traute sich nicht, mich anzuschauen. Es folgte eine monatelange Prozedur, an deren Ende die junge Frau ihre ersten Schritte in ein selbständiges Leben wagen konnte. Sie besucht seitdem die Werkstatt für Behinderte. Anfangs fiel es ihr sehr schwer, sich in die neue Situation einzuleben. Sie war es einfach nicht gewohnt, so viele Menschen um sich zu haben. Außerdem konnte sie die anderen rein sprachlich nicht verstehen. Swetlana hatte am Anfang wirklich riesige Probleme, aber von Woche zu Woche wurde es leichter für sie, und letzten Endes gewöhnte sie sich daran, jeden Tag morgens von zu Hause abgeholt und zur Arbeit gebracht zu werden. Ihr machte die Arbeit viel Spaß, weshalb sie schließlich lieber die Zeit auf Arbeit als zu Hause verbrachte. Und dies hatte einen ganz einfachen Grund. Ihre Eltern sind beide Alkoholiker. Anfangs hatten sie sich noch ganz gut im Griff, aber von Monat zu Monat wurde ihr Zustand schlimmer. Heute sind sie gar nicht mehr in der Lage, einer Arbeit nachzugehen. Für Swetlana war dies eine schlimme Zeit. Sie hatte inzwischen so viel Vertrauen zu mir gefasst, dass sie mir ihre Sorgen anvertraute. Die junge Frau teilte mir immer öfter mit, dass sie aus der elterlichen Wohnung ausziehen möchte. Das Problem lag darin, dass die Eltern dies erlauben mussten. Sie wollten aber nicht auf das Geld verzichten, das sie für ihre Tochter nun bekamen und welches sie oft in Alkohol umsetzten.

Zu der Zeit, als es ganz schlimm um die Eltern stand und sie täglich kaum ansprechbar waren, gab mir eine Mitarbeiterin der Behindertenwerkstatt einen guten Tipp. Sie sagte: „Swetlana hat nur dann eine Chance, wenn sie einen anderen Betreuer bekommt. Aber das wird wohl nicht gehen, weil die Eltern diese Verantwortung nicht abgeben werden." Zur Verteidigung der Eltern möchte ich sagen, dass sie sich schon um ihre Tochter Sorgen machten. Aber der Alkohol hatte damals bereits so viel zerstört, dass sie gar keine klaren Entscheidungen mehr treffen konnten. Ich überzeugte Swetlanas Eltern davon, die gesetzliche Vertretung auf mich zu übertragen. Sie stimmten zu, weil sie wussten, dass ich ihnen niemals schaden würde. Deshalb übernahm ich Swetlanas Betreuung, obwohl ich wusste, dass dies zusätzliche Arbeit mit sich brachte. Vor meiner Bekehrung hatte ich mehrmals vergeblich versucht, für Swetlana einen Platz im Betreuten Wohnen zu bekommen. Diese Plätze sind so begehrt und rar, dass es lange Wartezeiten gibt. Es half auch wenig, dass ich auf die Dringlichkeit hinwies. Swetlanas Antrag verschwand irgendwo auf dem Riesenstapel. Eines Tages im November 2011 rief mich eine Frau an und bat um ein gemeinsames Treffen. Sie ist die gesetzliche Vertreterin eines jungen Mannes, der auch in der Werkstatt arbeitet und zu der Zeit Swetlanas Freund war. Er gab ihr halt, wenn es zu Hause wieder ganz schlimm wurde und die Eltern nur noch stritten. Diese Beziehung war schon eine seltsame Geschichte, weil sich die jungen Leute wegen der unterschiedlichen Sprachen eigentlich gar nicht miteinander unterhalten konnten. Ich traf mich mit der Betreuerin und wir besprachen, wann und wo sich die beiden treffen könnten. Während des Gesprächs teilte sie mir mit, dass gerade ein Platz im Betreuten Wohnen frei geworden sei. Ich wunderte mich, dass ich von der Verantwortlichen keine Information darüber erhalten hatte, aber ich rief sie sofort an. Auf meine Anfrage reagierte die Mitarbeiterin ziemlich wütend und teilte mir mit, dass die Betreuerin des jungen Mannes mir diese Information gar nicht geben durfte. Aber sie versprach mir, bei der Neuverteilung an Swetlana zu denken. Heute weiß ich, dass sie das nie vorhatte. Es vergingen einige Wochen, und es passierte nichts. Deshalb hatte ich die Hoffnung schon aufgegeben. An einem der darauffolgenden Tage hatten Swetlanas Eltern einen Termin im Jobcenter. Ich wollte sie begleiten, um als Dolmetscher für sie tätig zu werden. Sie kamen nicht zu dem Treffen, weil sie betrunken waren. Als Reaktion darauf rief ich sie zu Hause an, um ihnen mitzuteilen, dass sie zum nächsten Termin allein vorsprechen müssten. Dieser Anruf ergibt überhaupt keinen Sinn, und im Normalfall hätte ich ihn auch nie getätigt. Ich weiß bis heute nicht, warum ich den Telefonhörer in die Hand genommen habe. Erklären kann ich mir derartige Aktionen nur so, dass Gott mir in diesen Momenten direkt hilft.

Am anderen Ende der Telefonleitung war Swetlana, die völlig aufgelöst war und schluchzend sagte, dass ihre Eltern total betrunken seien und sie von ihnen weg möchte. Sofort rief ich wieder die Dame an, welche für die Verteilung der Wohnungen zuständig ist. Es war absolut und genau der richtige Zeitpunkt. Als ich das erste Mal mit ihr telefoniert hatte, stand die Neubesetzung des freien Platzes bereits fest. Für das Betreute Wohnen wurde ein ganzer Aufgang in einem gewöhnlichen Stadthaus angemietet. Auf jeder Etage gibt es zwei Wohnungen, in denen jeweils drei Personen leben. Sie benutzen das Bad und die Küche gemeinsam, aber jeder hat sein eigenes Zimmer. Im Parterre des Wohnhauses ist tagsüber immer ein Sozialarbeiter anwesend, der sich um die Belange der Mitbewohner kümmert. Sie kochen zusammen, gehen gemeinsam einkaufen oder ins Konzert. Die zwei Mädchen, die sich bis zum Frühjahr 2015 mit Swetlana eine Wohnung teilten, vertrugen sich nicht mit der Frau, die eigentlich dort einziehen sollte. Also musste die Mitarbeiterin einen neuen Mitbewohner suchen. Ja und genau in dem Moment rief ich an. Was lag näher, als aus dem Stapel von Anträgen gar nicht erst auszuwählen, sondern gleich die vorgeschlagene Person einzusetzen? Swetlana bekam nach vier Monaten Wartezeit einen Platz im Betreuten Wohnen, auf welchen sie im Schnitt drei bis vier Jahre hätte warten müssen. Die Betreuer, die in dieser Einrichtung arbeiten, waren total verblüfft und konnten es nicht glauben, dass dies so schnell ging. Es war ein absolutes Ding der Unmöglichkeit, aber eben nicht für Gott. Mein Schützling hat sich in den letzten Jahren so gut entwickelt, dass fast nichts mehr an das verschüchterte Wesen erinnert, das 2006 in Pantoffeln vor mir stand. Sie ist heute eine selbstbewusste Frau, die genau weiß, was sie will. Aber das ist auch ihr Problem, denn sie kann manchmal auch sehr stur sein und befolgt dann nicht die Anweisungen der Betreuer. Am Ende des Jahres 2014 entstanden deshalb einige Spannungen. Sowohl die Betreuer vor Ort als auch ich selbst führten viele Gespräche mit ihr, weil es immer wieder zu Streitereien mit den Mitbewohnerinnen kam. Letzten Endes erhielt Swetlana im April 2015 jedoch

sogar eine eigene Wohnung. Mein Schützling ist in der Lage, die anfallen-
den Aufgaben allein zu bewältigen, obwohl sie immer noch nicht zählen
und deshalb auch nicht mit Geld umgehen kann. Sie geht trotzdem allein
einkaufen. Ich bin jedes Mal wieder total verblüfft, wenn sie mir mitteilt, in
welchem Geschäft sie ihre neuen Kleidungsstücke erworben hat. Sie hat
auch keine Angst, mit der Straßenbahn zu fahren. Die Zahlen merkt sie sich
rein optisch, und sie hat ein enorm gutes Orientierungsvermögen. Sie kann
allein zum Arzt gehen und andere Wege auch selbständig erledigen.
Swetlana wird natürlich trotzdem noch betreut und bei ihren täglichen
Aufgaben unterstützt, aber sie muss schon sehr viel selbständiger handeln.
Die Entwicklung der Eltern verlief leider so schlecht, dass die eigene
Tochter heute keinen Kontakt mehr zu ihnen haben möchte. Auch ich
musste die Zusammenarbeit abbrechen, weil sie die geforderten Auflagen
nie einhielten und der Vater sogar eine Entzugskur abbrach. Erst in diesem
Moment wurde mir klar, dass ich von ihnen abhängig war. Ich konnte nie
nein sagen, wenn sie mich um Hilfe baten, was bei Alkoholikern immer ein
Problem ist. Wiederholt habe ich ihnen ihre Fehltritte verziehen und ihnen
geholfen. Seitdem ich diese Verantwortung abgegeben habe, kann ich mich
auf andere Fälle besser konzentrieren. Und Swetlana ist zufrieden mit
ihrem Leben, weil sie sich jetzt sogar kleine Dinge von ihrem Ersparten
leisten kann. Früher ist von ihrem Lohn für sie selbst nie etwas übrig
geblieben. Ich bin heute sehr froh, dass ich die gesetzliche Vertretung für
sie übernommen habe, auch wenn dies nicht zum Aufgabenbereich meiner
beruflichen Tätigkeit gehört. Ich persönlich kenne keinen Sozialarbeiter im
Migrationsdienst, der solch eine Verantwortung übernommen hat. Aber ich
bedaure meine Entscheidung nicht, weil es dadurch möglich wurde, dieser
jungen Frau aus ihrer ausweglosen Situation zu helfen und ihr ein
menschenwürdiges Dasein zu ermöglichen. Mein Respekt vor geistig
Behinderten ist auch enorm gewachsen, seitdem ich bekehrt bin. Früher
hätte ich mich nicht unbedingt mit diesem Personenkreis befasst. Und heute
merke ich, wie ich mich richtig darüber freuen kann, wenn mich die Leute
in der Werkstatt freudig begrüßen. Die Zusammenarbeit zwischen den
Mitarbeitern dort, im Betreuten Wohnen, und mir ist von großem Vertrauen
zueinander geprägt, weshalb wir kleinere Probleme oft sehr schnell lösen
oder Schwierigkeiten beseitigen können. Vielleicht liegt das auch daran,
dass es sich um eine christliche Institution handelt.

## Wahid kann es nicht fassen

Wahids Geschichte möchte ich erzählen, da sie zum Nachdenken anregt und für so manchen Migrationsberater wahrscheinlich wie ein Wunder klingt. Er kam im Jahr 2010 allein als Minderjähriger aus Afghanistan nach Deutschland, um hier Asyl zu beantragen. Obwohl so gut wie kein Bürger aus diesem Land zu dieser Zeit Asyl bekam, hatte wohl jeder von ihnen seinen persönlichen Rechtsanwalt. Diese Leute verdienen oft Geld damit, den Flüchtlingen falsche Hoffnungen zu machen. Wahids Rechtsanwältin sagte später einmal, sie hätte von Anfang gewusst, dass sein Asylantrag abgelehnt werden würde. Und trotzdem hat sie ihm das Geld aus der Tasche gezogen. Wahid war einer der ersten afghanischen Flüchtlinge, die ich kennengelernt habe. Ich muss zugeben, dass ich bis dahin ein Bild von diesem Land im Kopf hatte, welches von den Medien geprägt war. In den Nachrichten und Dokumentarfilmen werden ausschließlich Männer mit Wollmützen auf dem Kopf und Gewehren auf dem Rücken und Frauen in einer Burka mit Sichtschlitz gezeigt. Personen, von denen ich das Gesicht nicht sehen kann, machen mir Angst. Ich weiß nicht, was sie denken und wie sie persönlich zu mir eingestellt sind. Beides kann man sehr gut an der Mimik erkennen. Gute Schauspieler können mich natürlich auch so täuschen, aber zum Glück hatte ich diesbezüglich bisher noch nie Probleme mit meinen Klienten. Genauso sieht es mit Männern aus, die mich wegen ihrer Religion nicht akzeptieren, nur weil ich eine Frau bin. Ich hatte ein ungutes Gefühl in der Magengegend, als ich dem ersten afghanischen Migranten gegenüber stand. Aus heutiger Sicht kann ich sagen, dass meine Ängste unbegründet waren, zumindest was die Leute aus diesem Land betrifft. Sie sind fast alle sehr fleißig und bemühen sich wirklich sehr, sich so schnell wie möglich zu integrieren. Ihre Vorstellungen von der Rollen-verteilung zwischen Mann und Frau haben sie sofort überdacht, weil sie gemerkt haben, dass sie in Deutschland nicht vorwärtskommen, wenn sie auf der bestimmenden Rolle des Mannes bestehen. Immerhin müssen sich diese Leute in Deutschland oft von Frauen beraten lassen, die in Behörden und Ämtern arbeiten.

Diesen Effekt konnte ich auch bei syrischen Flüchtlingen beobachten. Sie sind von Anfang an froh darüber, dass die Beschränkungen, die ihnen durch die Verbote in ihrer Religion auferlegt wurden, bei uns aufgehoben sind und keinerlei Bedeutung haben. Besonders die jungen Frauen blühen regelrecht auf. Die muslimischen Jugendlichen, die von uns betreut werden, passen sich zum größten Teil wirklich sehr schnell an. Nur wenige Frauen erscheinen noch mit Kopftuch zum Deutschunterricht und zur Beratung, weil sie das Tragen der Kopfbedeckung nun als Einschränkung ihrer Freiheit wahrnehmen. Die Menschen, die streng nach den Gesetzen des Islam leben, kommen nicht zu uns, weil sie wohl befürchten, dass wir sie durch unser demokratisches Denken, die freie Kultur und selbstbestimmte Lebensweise negativ beeinflussen. So sehe ich die Sache, und ich freue mich wirklich unheimlich, wenn ich die aus meiner Sicht positiven Veränderungen an den Jugendlichen beobachten kann. Anfangs schauen alle Muslime skeptisch drein, weil sie Angst vor allem haben, was sie nicht kennen. Wenn sie erst einmal merken, dass wir nett zu ihnen sind und sie durch uns Hilfe bekommen können, dann ist der Damm schnell gebrochen. Bei uns wird viel gelacht und im Unterricht herrscht immer eine ausgelassene Stimmung. Wahid war anfangs ebenfalls sehr zurückhaltend, schüchtern, ängstlich und skeptisch allem und jedem gegenüber. Das lag wohl vor allem daran, dass er ständig befürchten musste, ausgewiesen zu werden. Bei unserer ersten Kontaktaufnahme arbeitete eine sehr engagierte Praktikantin in unserem Migrationsdienst, die sich rührend um ihn kümmerte.

Aber auch Wahid selbst hatte von Anfang an so einiges dafür unternommen, dass er sich später gut integrieren konnte. Er besuchte einen Integrationskurs, obwohl er als nicht anerkannter Flüchtling keinerlei finanzielle Unterstützung bekam. Als er das erste Mal bei uns aufschlug, konnte er schon perfekt Deutsch sprechen. Unsere Praktikantin nahm ihre Arbeit sehr genau und besuchte mit ihm mehrere Friseurläden um anzufragen, ob er ein unbezahltes Praktikum machen dürfe. Wahid war anfangs so gehemmt, dass er sich nicht einmal traute, den Kopf zu heben, wenn die Leute mit ihm sprachen. Einer der Friseurmeister war gleich von seiner bescheidenen Art angetan. Durch unsere Vermittlung und die Zusammenarbeit mit anderen Institutionen war es uns möglich, Wahid in diesem Friseursalon ein Praktikum zu besorgen. Dem Friseurmeister entstanden keine zusätzlichen Kosten, und so konnte er ihn ohne Mehraufwand beschäftigen. Unser junger Freund war von Anfang an begeistert und macht bis heute alles für seinen Chef, damit dieser mit ihm zufrieden ist. Dem ersten Praktikum folgten weitere, und eines Tages teilte uns der Friseurmeister mit, dass er Wahid unbedingt ausbilden wolle. Zu dem Zeitpunkt wäre dies eigentlich nicht möglich gewesen, weil die jungen Leute, die sich mit einer Duldung in Deutschland aufhalten, damals keine

Erlaubnis zur Aufnahme einer Arbeit oder Berufsausbildung bekamen. Eine Duldung bedeutet nichts anderes, als dass die betreffende Person jederzeit in ihr Herkunftsland ausgewiesen werden kann, weil ihr Asylantrag abgelehnt wurde. Uns wurde damals mitgeteilt, dass Afghanistan ein sicheres Land sei, weil sich dort noch ausländische militärische Friedenstruppen aufhielten, die für Ordnung und Sicherheit sorgten.

Wahid wäre also wahrscheinlich wieder nach Afghanistan zurückgeschickt worden, wenn er nicht mit der Ausbildung zum Friseur begonnen hätte. Sein Chef hat sich wirklich sehr für ihn eingesetzt, weil er merkte, dass Wahid ein fleißiger Mitarbeiter ist, der jederzeit zur Verfügung steht und niemals widerspricht. Er ist sogar auf eigene Kosten zweimal mit ihm zur afghanischen Botschaft in Berlin gefahren, damit er sich dort eine Geburtsurkunde und einen Reisepass ausstellen lassen konnte. Diese Dokumente wurden jedoch in der Ausländerbehörde nicht anerkannt, weil die afghanische Botschaft jedes Dokument ohne Prüfung der Person ausfertigt. Es besteht also immer ein berechtigter Zweifel an der Echtheit der Angaben im Reisepass oder der Geburtsurkunde, weil diese ausschließlich auf der Angabe der antragstellenden Person beruhen. Sein Chef war sehr zufrieden mit ihm, weil er einer der besten Auszubildenden in seiner Klasse war. Außerdem war er als Friseur so beliebt, dass er bereits seinen eigenen Kundenstamm aufbauen konnte. Da ist es natürlich leicht zu verstehen, dass sein Chef ihn als Mitarbeiter nicht verlieren wollte und deshalb unterstützte, wann immer er konnte. Wahid hat bis heute keine Aufenthaltserlaubnis, weil er kein Dokument hat, mit dem er sich eindeutig legitimieren kann. Wenn ich diese Geschichte Mitarbeitern von anderen Beratungsstellen erzähle, die mit Migranten arbeiten, können sie es gar nicht glauben. Sie sagen, dass es damals so gut wie unmöglich war, mit einer Duldung und ohne in Deutschland anerkannte Ausweispapiere eine Berufsausbildung zu beginnen. Gott hat auch hier hilfreich eingegriffen. Der Vollständigkeit halber muss ich erwähnen, dass sich die Situation auf dem Arbeitsmarkt seit dem Jahr 2014 verbessert hat. Es ist heute leichter, auch Flüchtlinge mit einer Duldung in eine Berufsausbildung zu integrieren, weil die Gesetze diesbezüglich gelockert wurden. Wahrscheinlich hat man erkannt, dass es besser ist, die Leute auszubilden als sich selbst und der langen Weile zu überlassen, da sie den ganzen Tag nichts tun können. Dann könnte nämlich die Gefahr entstehen, dass die Jugendlichen aus lauter Frustration kriminell werden. Mittlerweile wird die Erlaubnis zur Aufnahme einer Berufsausbildung für geduldete Personen, die also auf ihre Abschiebung in ihre Heimat warten, nicht mehr erteilt, wenn der betroffene Migrant sich nicht legitimieren kann. Ich weiß bis heute nicht, was die Ausländerbehörde damals bewogen hat, Wahid die Berufsausbildung zu genehmigen. Im April 2015 konnte er sogar in eine eigene Wohnung umziehen, weil sein Arbeitgeber die Hälfte der Miete übernommen hatte. Er investierte in den Jungen, weil er wusste, dass er sich auf ihn verlassen kann und er ein sehr guter und treuer Mitarbeiter ist.

Die Jugendlichen denken oft, dass ich Wunder für sie vollbringen kann, vor allem dann, wenn monatelang zuvor alles schieflief. Aber ich selbst mache eigentlich sehr wenig, die Lösungen für die Probleme kommen allein von Gott. Wer dem Herrn vertraut, wird deshalb keine Sorgen haben. Er weiß, dass unser Schöpfer uns ganz genau kennt und niemals ins Verderben gehen lassen würde. Wahid ist heute ein sehr selbstbewusster, junger Mann, der ganz genau weiß, was er will. Interessant finde ich auch die Tatsache, dass er jede neue Information in sich aufsaugt. Monatelang hat er meine Beiträge bei Facebook verfolgt um zu erfahren, worum es den Christen eigentlich geht. Durch dieses Studium ist er heute sicherlich besser informiert als mancher Deutscher. Jahrelange Erziehung und Bildung im Islam hat Spuren hinterlassen. Es fällt den Leuten oft sehr schwer, sich im Glauben anders zu orientieren, auch wenn sie erkannt haben, dass sie sich in ihrer Religion nicht immer frei entfalten können. Sie halten auch deshalb an ihrem Glauben fest, weil es die letzte Verbindung zu ihrer alten Heimat und zu ihrer alten Kultur ist. Wahid ist für mich ein Beispiel dafür, wie sich Menschen in Deutschland zu selbstbewussten, selbstsicheren Mitbürgern entwickeln können, wenn man ihnen die Gelegenheit dazu gibt. Wenn sie sich als ein Teil unserer Gesellschaft fühlen, werden sie nicht ausgegrenzt und ziehen mit uns Deutschen an einem Strang. Mein Ziel ist es, so vielen jungen Menschen wie möglich zu zeigen, dass ein Leben als Christ ohne religiöse Zwänge verläuft, aber inneren Frieden bringt. Ich denke, Gott hat mich bewusst an diese Stelle gesetzt, weil ich hier durch mein persönliches Verhalten den größten Einfluss ausüben und den jungen Menschen anderer Religionen bei Nachfrage das Evangelium als die gute Botschaft näherbringen kann. Ich werde jedoch nicht missionieren, weil ich erstens den freien Willen jedes Einzelnen respektiere, zweitens ich in einer religionsfreien Einrichtung arbeite und drittens der Meinung bin, dass Missionierung sowieso nichts bringt. Denn der betreffende Mensch muss von sich aus zur Einsicht kommen, weil man niemanden zum Glauben an Jesus zwingen kann. Einige werden sicher umkehren, wenn sie merken, dass dies der richtige Weg ist. Die anderen werde ich nicht erreichen, aber das ist normal. Wir Christen können den Mitmenschen nur von der frohen Botschaft der Errettung durch Jesus Christus berichten. Ob diese das Opfer, das er für uns gebracht hat, am Ende annehmen, können wir nicht beeinflussen. Die Entscheidung zur Umkehr muss von jedem selbst kommen. Entweder sind die Menschen mit ihrem Herzen für Gott oder eben nicht. Gott lässt uns allen die freie Wahl.

Seit meiner Bekehrung gibt es unendlich viele Fragen, die ich gern beantwortet haben möchte. Anfangs habe ich die Bibel nicht verstanden, aber seitdem ich mich mit dem Studium der Heiligen Schrift befasse, erscheint mir vieles klarer. Es gibt Christen, die in punkto Aufklärung für mich echte Vorbilder sind, weil sie die Bibel erklären oder auf wissenschaftliche Art und Weise bezeugen können, dass Gott die einzige Wahrheit ist. Zu ihnen zählen unter anderem Dr. Werner Gitt, Roger Liebi, John Bevere, Warren W. Wiersbe und Stephen Lonetti. So viele Bücher, die den Glauben erklären, habe ich seit dem 27.11.2011 gar nicht gelesen. Aber es war offensichtlich immer die richtige Lektüre, weil ich mit jedem einzelnen Buch in meinem Glauben gewachsen und sicherer geworden bin. Ich kann heute Fragen beantworten, auf die ich gleich am Anfang meiner Laufbahn als bekehrter Christ nur mit einem bedauernden Achselzucken reagiert hätte. Für neue Glaubensgeschwister empfehle ich das Buch „Roter Faden durch die Bibel" von Stephen Lonetti. Einfacher und anschaulicher kann man den christlichen Glauben nicht erklären.

## Wie ich mit Kone Frieden schloss

Als mir klar wurde, wie furchtbar das Ende derjenigen sein wird, die sich bei Lebzeiten nicht zu Jesus bekennen, wollte ich einfach jeden überreden oder davon überzeugen, sein sündiges Leben zu beenden und Jesus zu folgen. Dass ich dabei fast ausschließlich auf taube Ohren stieß, kann man sich wohl denken. Aber es passiert auch noch etwas anderes mit bekehrten Christen. Sie dienen Gott nicht nur durch Worte, sondern sie versuchen gleichzeitig, durch positive Taten auf sich aufmerksam zu machen. Das beeindruckt manche Ungläubige so sehr, dass sie selbst zu Nachfolgern Jesu werden möchten. Wenn wir täglich aufopferungsvoll handeln, sind wir ein Vorbild für unsere Mitbürger. Das gelingt zwar nicht immer, aber der Heilige Geist hilft uns ständig dabei. Dass wir unseren Nächsten lieben sollen wie uns selbst, hat eine zentrale Bedeutung. Ungläubige Menschen sind oft auch hilfsbereit, freundlich und führen ein harmonisches Leben. Aber ob sie dieses Gebot auch verinnerlicht haben? Ich kann es mir ehrlich gesagt nicht vorstellen, zumal dies selbst bekehrten Christen oft sehr schwerfällt. Wie sieht es dann aus, wenn der Kollege ein ewiger Nörgler, der Nachbar ein ständig unzufriedener Mitbürger und die Bekannten möglicherweise neidisch auf unsere Erfolge sind und sie uns nicht gönnen? Dann fällt es uns immer noch leichter, diese Leute zu ignorieren, als mit ihnen zu reden. Aber sie genauso zu lieben wie uns selbst? Das ist aus menschlicher Sicht ein Ding der Unmöglichkeit. Gott verlangt jedoch absichtlich von uns, dass wir unserem Ehepartner, unseren Kindern, unseren Eltern, unseren Nachbarn und den Arbeitskollegen Liebe entgegenbringen. Wenn wir unser Leben so gestalten, kann man uns Christen dadurch von den anderen unterscheiden. Unsere guten Taten, die wir täglich in Nächstenliebe vollbringen, bezeichnet die Bibel als die Frucht unseres Lebens. Diese Frucht kann man kaum beschreiben, aber sie bringt unheimlich viel Freude. Jede Bemühung lohnt sich, wenn wir dafür ein Lächeln oder einfach nur ein Dankeschön bekommen. Das hätte ich früher nicht für möglich gehalten, aber zufriedene, dankbare Gesichter, die voller Vertrauen auf uns schauen, kann man durch nichts ersetzen. Diese sogenannte Frucht bleibt für immer, sie verändert die Menschen in unserer Umgebung, ganze Lebenssituationen und das private und berufliche Umfeld. Die Liebe ist wie eine Virusinfektion, sie verbreitet sich wie ein Buschfeuer. Und da sich die Menschen in solch einer Situation wohler fühlen, werden sie immer wieder den Weg zu demjenigen zurückfinden, der ihnen liebevoll begegnet ist und sich an die vertrauten Gespräche und gemeinsamen Aktionen erinnern.

Im Gegensatz dazu sind solche Dinge wie Ruhm, Ehre, Macht, Geld, Anerkennung vergänglich und bringen nur zeitlich begrenzte Genugtuung und Freude. Wenn man das Ziel erreicht und womöglich auf der obersten Stufe der Karriereleiter angekommen ist, was kommt dann? Menschen, die nur nach weltlichem Erfolg streben, werden immer unzufrieden und auf der Suche nach innerer Ruhe sein. Denn das Streben nach irdischen Gütern kann diesen Hunger nicht stillen. Selbst die reichsten und erfolgreichsten Menschen dieser Erde sind am Ende oft nicht glücklich, weil sie ihr selbst gestecktes Ziel bereits erreicht haben. Es muss jedoch immer wieder neue, noch komplexere Aufgaben geben, damit sich das Gefühl der Zufriedenheit für eine gewisse Zeit einstellen kann. Außerdem wissen sie oft nicht, wer ein wirklicher Freund ist oder wer nur von ihrem Geld, Ruhm und Einfluss profitieren will.

Echtes Glück und Ausgeglichenheit finden wir in den kleinen Dingen, z.B. in der Liebe zu unseren Nächsten. Das Leben ist schön, wenn du nur einen Menschen am Tag glücklich machen konntest. Solche Gedanken sollten uns antreiben. Am Ende unseres Lebens fragt uns Gott dann sowieso, was wir mit den von ihm anvertrauten Gaben wie Leben, Zeit, Geld und Begabungen erreicht und bei den anderen bewirkt haben. Das ist zwar nicht ganz unwichtig, aber nicht der Antrieb für mein persönliches Handeln heute. Ich arbeite nicht für eine Belohnung, sondern bin einfach nur zufrieden, wenn ich die Menschen um mich herum etwas glücklicher machen kann. Das war bei weitem nicht immer so. Ich kann mich auch noch an ganz andere Zeiten erinnern, als ich mich oft über Leute in meinem beruflichen Umfeld geärgert hatte, die durch ihr Unwissen nicht nur sich selbst sondern auch anderen schaden. In Situationen, in denen es immer wieder zu Diskussionen und Auseinandersetzungen kam, konnte ich sehr aufbrausend werden und hatte meine negativen Gefühle kaum unter Kontrolle. Ich erinnere mich ganz besonders daran, dass ich mich jahrelang mit dem Koordinator des Netzwerkes für Integration und Ausländerarbeit der Stadt Magdeburg so sehr gestritten hatte, dass wir uns letzten Endes nur noch ohne Respekt begegneten. Ich warf ihm Inkompetenz vor und er zeigte dafür der ganzen Umwelt, wie sehr er mich hasste. Im Grunde genommen wehrte er sich nur. Und aus heutiger Sicht weiß ich, dass es mir nicht zusteht, andere so zu kritisieren, selbst wenn ich mich im Recht wähne. Es war jedenfalls bei allen Mitarbeitern im Migrationsbereich bekannt, dass wir uns absolut nicht riechen konnten. Ich wurde schon wütend, wenn dieser Mann nur den Raum betrat. Ohne Gottes Hilfe wäre es niemals möglich gewesen, diese Einstellung zu ändern. Wir wären heute noch Feinde. Aber nach meiner Bekehrung spürte ich das dringende Bedürfnis, mit diesem Mann Frieden zu schließen. Der Hauptgrund dafür war, dass ich bis heute ein schlechtes Gefühl habe, wenn ich mit jemandem im Streit liege. Später las ich ein Buch darüber, dass Gott schon weiß, wen er in welche Schlüsselpositionen setzt. Wir können nicht immer verstehen, warum bestimmte Menschen Macht ausüben und diese dann missbrauchen. Aber es wäre sicher zu viel verlangt, alle Zusammenhänge unseres Lebens zu begreifen. Fakt ist jedoch, dass wir selbst ruhiger und zufriedener sind, wenn wir unsere Vorgesetzten akzeptieren, auch wenn wir sie nicht mögen und ihre Entscheidungen nicht billigen. Für diejenigen, die die Menschenrechte verletzen oder einfach ungerechte Entscheidungen mit weitreichenden Folgen treffen, sollen wir beten. Auch sie können von ihrem Tun umkehren und letztlich die Wahrheit erkennen. Die anderen Agierenden im Netzwerk konnten es gar nicht fassen, dass gerade ich mit Kone Frieden geschlossen hatte, wo ich doch sein größter Widersacher war. Ich hoffte, dass mein Verhalten eine Vorbildwirkung haben würde, aber dem war nicht so. Bis heute herrscht ein eisiges Verhältnis zwischen den einzelnen Akteuren. Aber auch hier denke ich, dass sich Gott noch etwas einfallen lassen wird, damit sich die Situation entspannt.

## Ali bekommt ein neues Leben

Im Jahr 2013 kam Ali das erste Mal in mein Büro, weil seine Lage aussichtslos war. Er ist ein gebürtiger Afghane, der dieses Land jedoch nie gesehen hat, weil seine Familie vor seiner Geburt nach Pakistan ausgewandert war. Solche Dinge passieren in islamischen Ländern oft, weil sich die wohlhabenderen Menschen immer dorthin orientieren, wo sie bessere Lebensbedingungen vorfinden. In sehr vielen Ländern in Nordafrika und im Nahen Osten wird arabisch gesprochen, was die ganze Sache noch erleichtert. Ali ist ein intelligenter, junger Mann, der vorhatte, in Pakistan zu studieren. Er erzählte mir seine Lebensgeschichte, die ich so hier ohne persönliche Wertung wiedergebe, weil ich nie weiß, welche Aussagen der Wahrheit entsprechen. Aber Ali glaube ich schon, weil er immer einen ehrlichen Eindruck auf mich gemacht hat. Eines Tages sitzt er bei sich zu Hause und hört im Radio, dass in der Stadt ein Aufstand zwischen Regierungsgegnern und der Miliz stattgefunden hätte, bei dem es viele Verletzte gab. Er wollte helfen und fuhr deshalb zum Ort des Geschehens. Als er eine Weile dort gewesen war und Hilfe geleistet hatte, wurde die Menschenmenge von der Polizei umringt und festgenommen. Alle Anwesenden wurden automatisch zu Demonstranten und Regierungsgegnern erklärt. Er konnte zum Glück noch nach Hause fliehen, aber sein Name war schon registriert, weil er wahrscheinlich auf einem der Videos, die vor Ort gemacht wurden, zu sehen war. Am Abend kam die Polizei zu ihm nach Hause, um ihn festzunehmen. Sein jüngerer Bruder öffnete die Tür, und als er im Hinterzimmer hörte, dass er abgeholt werden sollte, konnte er über die Dächer der Nachbarhäuser fliehen. Seit dieser Zeit ist es für ihn unmöglich, in Pakistan zu leben, weil er sofort nach der Einreise inhaftiert würde. Ali floh nach Europa, um genauer zu sein nach Schweden. Die Regierung in diesem Land schickt viele Flüchtlinge wieder in ihr Herkunftsland zurück. Alis Asylantrag wurde abgelehnt, und ihm wurde empfohlen, nach Afghanistan zu gehen, obwohl er dort niemanden kennt und er niemals in diesem Land gewesen ist. Kurz vor seiner Abschiebung kam Ali nach Magdeburg. Er hoffte, dass die Deutschen ihn aufnehmen würden.

Nun hat sich in der Welt natürlich herumgesprochen, dass das Lebensniveau in unserem Land das höchste in Europa ist. Deshalb möchte so gut wie jeder Migrant, der irgendwie dazu in der Lage ist, auch hierherkommen. Das hat zur Folge, dass Deutschland nach den USA nun das Einwanderungsland Nummer Zwei in der ganzen Welt ist. Wenn man die beiden Länder allein flächenmäßig miteinander vergleicht, kann man sich ungefähr vorstellen, wie groß die Belastung für solch ein kleines Land ist, das über keinerlei Bodenschätze verfügt und nur durch Innovation in der Industrie wirtschaftliche Stabilität erreichen kann. Schon vor Jahren wurde in Dublin ein Gesetz verabschiedet, um die Migranten gleichmäßig auf die Länder der EU zu verteilen. Darin wurde festgelegt, dass sich der Flüchtling in dem Land in Europa aufhalten muss, das er als erstes betreten hat. Würde diese Bestimmung hundertprozentig eingehalten, könnte nie ein Flüchtling Deutschland erreichen, weil sich unser Land nun einmal in Mitteleuropa befindet. Aber Italien und Griechenland unterstützen die Menschen, die zu Tausenden über das Mittelmeer nach Europa gelangt sind, indem sie sie nicht registrieren und ihnen Geld für die Weiterreise nach Deutschland geben. Als ich 2014 mit meiner Tochter in Rimini die Hip- Hop- Europameisterschaft besuchte, konnte ich selbst miterleben, wie das funktioniert. Diese Flüchtlinge reisen immer nachts in Fernbussen, weil tagsüber auf den Autobahnen durch die deutschen Behörden Kontrollen durchgeführt werden. Befindet sich in einem der Busse jemand, der sich nicht ausweisen kann, hat er ein großes Problem und wird meistens wieder nach Italien zurückgeschickt. Demzufolge hoffen alle Anwesenden, dass sie nicht erwischt werden und heil in München ankommen. Von dort werden sie dann auf die ganze Republik verteilt. Ich konnte die Nervosität der Menschen in unserem Bus regelrecht spüren. Das war für mich eine sehr negative Erfahrung, und ich dankte Gott nicht zum ersten Mal dafür, dass ich in Deutschland leben darf. Manche Leute, vor allem aus dem Iran und Syrien, schaffen es trotzdem, irgendwie in unser Land zu gelangen.

Wenn sie einen Asylantrag stellen, wird von unseren Behörden als erstes geprüft, ob sie in einem anderen Land der EU bereits registriert wurden. Ist das der Fall, dann müssen sie in dieses Land zurückkehren. Voraussetzung dafür ist natürlich, dass es sich um ein politisch und wirtschaftlich stabiles Land handelt.

Ali ist über Schweden eingereist, und das ist bis heute aus Sicht unserer Politik ein sicheres Land. Dass die Menschen sehr oft wieder abgeschoben werden, obwohl die Bedingungen für sie im Herkunftsland untragbar sind, sie sogar ins Gefängnis kommen können, spielt dabei keine Rolle. Für Ali ist das kein Trost, sondern eine lebensbedrohliche Situation. Er pendelte nach der Ablehnung seines Asylantrages ständig zwischen Magdeburg und Schweden hin und her. Unsere Stadt musste ihn bis zum nächsten Abschiebungstermin immer wieder aufnehmen. Aber eine Entscheidung wird auch in Zukunft nicht gefällt werden können, weil sich unsere Regierung natürlich nicht in die Politik Schwedens einmischt. Ali kam vier Mal nach Magdeburg und hätte es auch immer wieder getan, weil er nach Pakistan nicht zurückkehren kann. Für mich war das auch immer wieder eine unbefriedigende Situation, weil ich merkte, dass ich dem armen Jungen einfach nicht helfen konnte. Ich betete ständig zu Gott, dass er ihn von diesem Leid oder Schicksal erlösen möge, aber so einfach ist das nicht. Anfang April 2015 bekam ich einen Anruf von einer Mitarbeiterin der Psychiatrie eines Krankenhauses in Magdeburg. Ali hatte zum wiederholten Male versucht, sich das Leben zu nehmen. Er hatte ihr mitgeteilt, dass ich die einzige Person in Magdeburg wäre, die ihm je geholfen und zu der er Vertrauen hätte. Drei Wochen später stand er plötzlich in meinem Büro, nachdem das Krankenhaus ihn entlassen hatte. Es war ein Mittwoch, an dem nachmittags natürlich alle Arztpraxen geschlossen haben. Ali brauchte ganz dringend seine Medikamente, aber er wusste nicht, woher er diese bekommen sollte. Das Krankenhaus hatte ihn ohne die Pillen entlassen, die er täglich nehmen musste und die er ohne Rezept in keiner Apotheke bekommen würde. Ich war ratlos, aber ich vertraute auf Gott und spürte sofort, dass er die Lösungen für die Probleme schon für mich bereithielt. Als erstes rief ich eine Mitarbeiterin des Sozialamtes an, die ich zum Glück persönlich kannte. Nach einigem Hin und Her erklärte sie sich bereit, einen Behandlungsschein für den Arzt auszustellen, obwohl das Amt am Mittwoch natürlich auch geschlossen hatte. Sie teilte mir jedoch mit, dass sich der junge Mann nun illegal in Deutschland aufhielt, weil seine Duldung in der Zeit seines Krankenhausaufenthaltes abgelaufen war. Wenn ihn die Polizei in solch einer Situation aufgreifen würde, käme er ins Gefängnis. Die Ausländerbehörde hatte jedoch auch geschlossen, und ich wollte Ali sowieso nicht allein dorthin schicken. Also fuhren wir als erstes zum Rechtsanwalt, der Gott sei Dank in seinem Büro war. Niemand befand sich zu diesem Zeitpunkt im Warteraum, so dass er sofort mit uns reden konnte. Das ist Gottes Fügung, kein Zweifel. Er teilte Ali mit, dass er keine Chance hätte. Aber nachdem er ihm gesagt hatte, dass er ein Dokument aus Schweden besitzt, aus welchem hervorgeht, dass er nach Pakistan ausgewiesen werden soll, obwohl sein Leben dort in Gefahr ist, sah die Situation ein bisschen anders aus. Zumindest versuchte der Rechtsanwalt, für den jungen Mann das Maximale zu erreichen und vertritt ihn seitdem bei den Angelegenheiten in der Ausländerbehörde. Ich finde es immer wieder erstaunlich, wie Gott all diese Dinge lenkt. Anschließend fuhren wir zum Sozialamt, wo die Dame am Empfang schon auf uns wartete. Der Behandlungsschein lag bereits vor, so dass wir sehr viel Zeit sparen konnten. Zum Schluss brachte ich Ali zum „Mediko- Zentrum", wo man auch nachmittags behandelt werden kann, wenn man ein akutes, medizinisches Problem hat. An diesem Tag lief alles so rund, dass ich aus dem Staunen gar nicht mehr herauskam. Ich wusste natürlich, dass es nun für Ali sehr wichtig ist, Kontakt zu anderen Menschen zu bekommen. Deshalb habe ich ihn am Sonntag in die Kirche mitgenommen. Aber seine Angst davor, wegen des Besuchs von Allah bestraft zu werden, war immens groß. Deshalb habe ich ihn auch nicht dazu bewegen können, noch einmal mit in die Gemeinde zu kommen. Aber ich denke, dass der richtige Tag auch für ihn noch kommen wird, an dem er Gott erkennt. Ende Mai betrat Ali mein Büro und zeigte mir seine Aufenthaltsgestattung. Mit anderen Worten, sein Asylantrag wird nun auch in Deutschland geprüft. Und wieder ein paar Monate später erhielt er die Erlaubnis von der Ausländerbehörde, die Ausbildung zum Altenpfleger zu beginnen. Er war also einer der Wenigen, denen das gelungen ist, obwohl er keine Aufenthaltserlaubnis hatte. Aber er hat sich ja auch einen Ausbildungsberuf ausgesucht, der in Deutschland dringend gebraucht wird. Als er eines Tages wieder in mein Büro kam, weil er aus dem Wohnheim ausziehen musste, jedoch nur wenig Geld für die Miete zur Verfügung hatte, brachte ich ihn in der WG der Baptistengemeinde unter. Wer weiß, vielleicht hat das auch einen Einfluss auf sein weiteres Leben. Wieder hat Gott ein Leben gerettet, und das ist wohl am wichtigsten.

## Bashir, Safiola und Wahid spielen Fußball

In das Jahr nach meiner Bekehrung fällt auch die wundersame Geschichte mit Bashir, Safiola und Wahid. Zwei der Jungs kommen aus Afghanistan und einer aus dem Iran. Sie saßen in unserem Deutschkurs und äußerten eines Tages den Wunsch, irgendwo in Magdeburg Fußball spielen zu wollen. Es gibt zwar eine Menge Fußballclubs in unserer Stadt, aber erstens ist es so gut wie aussichtslos, eine Mannschaft in der Altersklasse ab 18 zu finden, und zweitens wohnten die Jungs damals noch im Flüchtlingswohnheim. Ich konnte mir nicht so richtig vorstellen, dass sie regelmäßig zwei Mal die Woche zum Training gehen würden. Dies ist jedoch die Voraussetzung dafür, wenn man in einem Verein aktives Mitglied sein möchte. Unregelmäßigkeiten und unentschuldigtes Fehlen werden von den Trainern nicht geduldet. Für mich war das Thema deshalb schon abgehakt, bis zu dem Tag, als im Gottesdienst ein junger Christ sein Projekt für Benachteiligte vorstellte. Er teilte uns mit, dass er mit deutschen Jugendlichen ein Mal pro Woche Hallenfußball spielt. Für mich klang das ideal, da meinen Schützlingen dadurch sogar die Gelegenheit gegeben wurde, Kontakt zu einheimischen Jugendlichen zu bekommen. Also besprach ich nach dem Gottesdienst mit diesem Trainer, dass ich meine drei Jungs in der darauffolgenden Woche zu ihm bringen würde. Er war einverstanden damit und so geschah es dann auch. Als wir an dem bewussten Tag vor der Tür der Turnhalle standen und klingelten, mussten wir eine Weile warten. Uns öffnete etwas später ein junger, tätowierter Mann mit Glatze. Für den Moment war ich irritiert, und dieser Jugendliche schaute auch zweifelnd drein. Er dachte sicher, wir hätten uns in der Adresse geirrt. Ab dann trainierten die Jungs dieser wirklich absolut gemischten Truppe miteinander.

Einige Wochen später wollte ich zwei weitere junge Syrer in diese Gruppe integrieren und brachte sie deshalb zum Training. Nach dem Spiel kam der Trainer zu mir und teilte mir mit, dass er die beiden Jugendlichen nicht aufnehmen könne, weil sonst seine Schützlinge nicht mehr kommen würden. Ich war dermaßen entrüstet und wütend, dass ich ihm schon einen Tag später eine Mail schickte, in welcher ich ihm mitteilte, dass er nicht richtig gehandelt hätte. Er könne nicht zuerst Fremde einladen und dann einen Rückzieher machen, weil es Ausländer seien. Damals dachte ich tatsächlich, dass dies der wahre Grund der Ablehnung gewesen sei. Ich teilte ihm auch mit, dass ich der Meinung sei, dass Jesus in dieser Situation nicht so gehandelt hätte. Seine Reaktion wäre nicht sehr christlich. Der junge Mann antwortete mir darauf, dass seine deutschen Jungs von der Straße kämen und einige von ihnen sogar schon im Gefängnis gesessen hätten. Es hätte Monate gedauert, um Vertrauen zu ihnen aufzubauen und dieses Fußball-projekt zu starten. Nun wäre er so weit, dass sie sich langsam öffneten. Bashir, Safiola und Wahid hätten sie nach anfänglicher Skepsis akzeptiert, weil sie gute Fußballspieler wären. Mittlerweile wollten sie ihnen sogar ihre Trikots für das nächste Fußballturnier borgen, weil meine drei Schütz-linge noch keine hätten. Ich war total verblüfft, als ich das hörte. Wenn ich gewusst hätte, dass diese deutschen Jugendlichen oft auch gewalttätig gegenüber Ausländern waren, hätte ich die Jungs doch niemals dorthin gebracht. Aber genau so agiert Gott. Er bringt Menschen zusammen, die sich im Normalfall aus dem Weg gehen würden. Die deutschen Jugend-lichen fingen an, ihre Meinungen über Ausländer zumindest zu relativieren. Ihren drei neuen Freunden hätten sie kein Haar gekrümmt. Ich wette, dass sie sie in schwierigen Situationen sogar verteidigten. Das allein ist schon bemerkenswert, aber dann passierte tatsächlich ein göttliches Wunder.

Eines Tages bekam ich eine Mail von dem Trainer. Er teilte mir mit, dass ihm die Geschichte keine Ruhe gelassen hätte. Ständig musste er daran denken, dass er die beiden Syrer abgelehnt hatte. Er wollte deshalb ein neues Fußballprojekt auf die Beine stellen und brauchte meine Hilfe. In Magdeburg sollte einer der zahlreich vorhandenen Fußballplätze einmal pro Woche gebucht werden. Normalerweise ist dies nicht möglich, weil die Vereine ihre Plätze wie ihren Augapfel hüten. Sie lassen keine Fremden dort spielen, und schon gar nicht unentgeltlich. Der junge Trainer war inzwischen sehr aktiv gewesen und hatte einige deutsche Fußballspieler gefunden, die Interesse an diesem Projekt zeigten. Nun fehlten ihm nur noch die Migranten, die die Sache abrunden sollten. Ich teilte ihm mit, dass ich die Idee zwar sehr schön fände, die Umsetzung aber nicht möglich wäre. Flüchtlingsfamilien besitzen meistens keine Monatskarten für die öffentlichen Verkehrsmittel und können deshalb nicht durch die ganze Stadt fahren, um zu einem weit entfernten Fußballplatz zu gelangen. Hier ließ Gott ein wirkliches Wunder geschehen. Der einzige Verein, welcher sich bereit erklärte, den Platz unentgeltlich zur Verfügung zu stellen, befand sich nämlich ca. zehn Mi-nuten vom Flüchtlingswohnheim entfernt. Wer da noch von Zufall spricht, der ignoriert wirklich alle Fakten.

# Denis darf schreiben lernen

Vor einigen Jahren betreute ich einen jüdischen Migranten aus Odessa, dessen bisheriger Lebensweg sich aufgrund familiärer Umstände nicht einfach gestaltete. Bereits in der Schule hatte er einige Probleme, weswegen er nie lesen, rechnen und schreiben gelernt hatte. Für Denis gibt es beruflich kaum Perspektiven, aber das wollten seine Familienangehörigen nicht verstehen und wahrhaben. Es gab kaum jemanden, der diesen jungen Mann bei der Vermittlung von Arbeits- oder Ausbildungsplätzen betreuen wollte, weil immer wieder Schwierigkeiten auftraten. Die Wunder geschahen Ende des Jahres 2011, also kurz nach meiner Bekehrung. Denis sollte im darauffolgenden Sommer mit einer berufsorientierenden Maßnahme im Handwerk beginnen, in welcher herausgefunden werden sollte, für welchen Beruf er sich tatsächlich eignet und ob er in der Lage wäre, eine Berufsausbildung zu absolvieren. Ich hatte den Fall schon ad acta gelegt, weil die Großeltern nicht kooperativ waren und eine Rehabilitationsmaßnahme für ihren Enkel kategorisch ablehnten, da sie der Meinung waren, dass Denis völlig normal sei. Mit Reha verbanden sie immer die Vorstellung von geistig behinderten Menschen, zu denen ich den jungen Mann ehrlich gesagt auch zähle. Sie wollten, dass er 2012 eine ganz normale Ausbildung in einem Handwerksberuf beginnen sollte. Das passte nicht zu dem Vorschlag, den ihm die Arbeitsagentur aufgrund eines psychologischen Gutachtens unterbreitete.

Die Lage war aussichtslos, aber eines Tages erklärten sich die Großeltern ganz unerwartet dazu bereit, sich die Ausbildungsstätte für Jugendliche mit Förderbedarf einmal anzuschauen. Sie waren sofort begeistert, als sie merkten, dass die Jugendlichen auf den ersten Blick genauso wenig auffällig waren wie ihr eigener Enkel. Seit Monaten hatte ich erfolglos auf die Familie eingeredet und urplötzlich kam ohne großes Einwirken meinerseits die Wende. Da Denis außerdem soeben eine andere Maßnahme wegen Unzulänglichkeit beenden musste, hing er buchstäblich in der Luft. Ich hatte einen Hinweis bekommen, dass es in Magdeburg eine Einrichtung gibt, die Schülern zu erschwinglichen Preisen Hausaufgabenhilfe anbietet. Ich ließ mir von der Lehrerin einen Kostenvoranschlag geben und reichte diesen bei der für Denis zuständigen Beraterin im Jobcenter ein. Das Unfassbare geschah, es wurden 1.800,00 Euro bewilligt, damit der junge Mann in dem folgenden halben Jahr lesen und schreiben lernen konnte. Während des Gesprächs teilte mir die Mitarbeiterin mit, dass sie solch einen Fall noch nie hatten und sie nicht verstehen könne, wieso diese große Summe genehmigt wurde. Hilfe in solchem Umfang wird oft nur dann gewährleistet, wenn dadurch eine positive Veränderung oder ein beruflicher Vorteil für den Betreuten zu erkennen ist. Davon war Denis weit entfernt. Keiner konnte zu der Zeit eine Prognose wagen, was beruflich einmal aus ihm werden würde.

Damals habe ich die Gegenwart Gottes sehr stark gespürt. Der junge Mann konnte viele Jahre aufholen, aber ich weiß ehrlich gesagt nicht, ob die Zeit gereicht hat, alle Lücken zu schließen. Eine Berufsausbildung kann Denis deswegen trotzdem nicht beginnen, aber es ist schon von enormem Vorteil für ihn, dass er jetzt wenigstens lesen kann. Immerhin hat er es letzten Endes geschafft, sich im Sommer 2014 selbst eine Arbeitsstelle als Bauhelfer zu besorgen. Ohne Lesekenntnisse wäre es ihm gar nicht gelungen, das richtige Angebot im Internet zu finden. Seine Unzulänglichkeiten werden für ihn aber immer wieder zum Problem werden, weil er sich Aufträge nicht für längere Zeit merken kann. Deshalb sind die Anstellungen bei verschiedenen Arbeitgebern bisher immer von kurzer Dauer gewesen. Der Junge bekam im März 2015 wieder die Möglichkeit, an einer mehrjährigen Maßnahme zur Alphabetisierung teilzunehmen, nachdem sich seine neue Betreuerin im Jobcenter für ihn stark gemacht und dieses Angebot im Internet gefunden hatte. Was der junge Mann heute macht, weiß ich nicht. Der Kontakt zu ihm und seiner Familie ist abgebrochen, vielleicht vor allem deshalb, weil er sich aus der Umklammerung seiner Großeltern letztendlich befreien und wegziehen konnte.

Ich habe damals mit der Oma auch über Gott gesprochen und ihr gezeigt, dass es Zufälle beim Herrn nicht gibt. Sie erzählte mir, dass sie als gläubige Jüdin täglich zu Gott betet und ihn um Hilfe bittet, weil die Mitglieder ihrer Familie alle krank sind und der Enkel letzten Endes einen Arbeitsplatz finden sollte. Der Rabbi wäre auch schon bei ihnen zu Hause gewesen und hätte für sie gebetet. Aber es hätte sich nichts geändert, weswegen sie manchmal daran zweifelte, ob Gott tatsächlich hilft. Ich glaube, diese Gläubigen haben eine falsche Einstellung zum Schöpfer. Natürlich erhört der Herr Gebete, wenn auch nicht immer. Wir können aber davon ausgehen, dass seine Entscheidungen stets richtig sind. Wenn also jemand nicht geheilt wird, dann ist das aus unserer Sicht furchtbar. Da wir aber die Gründe nicht kennen, müssen wir davon ausgehen, dass es eine viel bessere

Lösung für diese Situation gibt. Wer gläubig ist, der weiß, dass das Leben im Jenseits viel schöner ist als das hier auf Erden. Möglicherweise will Gott das Leben einiger Menschen auf Erden verkürzen, um deren Leiden zu beenden und ihnen dafür ein viel besseres Leben zu schenken. Für meine eigenen Eltern trifft diese Tatsache jedenfalls hundertprozentig zu. Beide Elternteile waren furchtbar krank und hatten starke Schmerzen, bevor sie starben. Aber ich bin mir sicher, dass es ihnen jetzt gut geht. Für die Familie von Denis wäre ein Perspektivenwechsel nicht schlecht gewesen, was ich der Großmutter auch gesagt habe. Statt täglich Gott darum zu bitten, die Probleme in der Familie zu lösen, hätten sie ihm für das Gute danken sollen, das er für sie in der Zukunft bereits getan hat. Dankbarkeit zu zeigen, ist immer besser, als täglich zu jammern und zu bitten. Sie sagte, dass sie diesen Ratschlag beherzigen würde. Ich fühlte eine lange Zeit eine besondere Verantwortung für diese Familie. Auch sie gehört zum auserwählten Volk Gottes. Ihren Rabbi suchen sie zwar nur dann auf, wenn sie Hilfe von der Gemeinde brauchen. Er wird sie nicht wegschicken, aber angenehm sind ihm diese Situationen sicher auch nicht. Schon in der Bibel steht, dass wir nicht nur nehmen sondern auch geben sollen. Das haben diese Leute bis heute noch nicht so richtig verstanden. Deshalb sind sie auch stets unzufrieden. Sie sollten dankbar dafür sein, dass Gott ihnen die Möglichkeit gab, nach Deutschland auszuwandern. Das Leben in der Ukraine ist heutzutage so viel schwerer. Ich hoffe, dass die ganze Familie ausgeglichener wird und nicht ständig versucht, anderen für ihre missliche Lage die Schuld in die Schuhe zu schieben. Für Denis um einen Ausbildungsplatz zu beten, ist unrealistisch, aber ich weiß, dass Gott seine schützenden Hände auch über diesen jungen Mann hält. Ich wage zu behaupten, dass es Denis Familie besser gehen würde, wenn sie ihr Leben noch mehr an Gott ausrichten würde.

## Mein unbekannter Freund Paul

Die folgende Geschichte begann für mich im Oktober 2012, als mir eine ältere Frau, die ich nur flüchtig kenne, von ihrem Enkel berichtete. In meinem alten Leben hätte mich das Schicksal des Jungen zwar schon sehr berührt, aber ich hätte nie etwas unternommen, um jemandem zu helfen, den ich noch nicht einmal persönlich kenne. Der Lebensbericht von Paul ist so dramatisch und furchtbar, dass ich bis heute unendlich viel Mitleid für ihn empfinde. Ich habe große Mühe, nicht wütend auf die Menschen zu sein, die für die Zerstörung seiner Kindheit verantwortlich sind. Paul ist der Sohn eines herrschsüchtigen und dominanten Vaters und einer Mutter ohne Durchsetzungsvermögen. Die ersten beiden Jahre seines Lebens wohnten die drei zusammen. Nachdem innerhalb kürzester Zeit Pauls Vater, der selbst in seiner Kindheit Gewalt und Unterdrückung seitens des Vaters kennenlernen musste, damit begann, seine Partnerin zu tyrannisieren, bekam sie eine unaussprechliche Angst vor ihm, die bis zum heutigen Tag anhält. Er quälte sie mit psychologischen Mitteln bzw. sehr verletzenden und herabwürdigenden Worten. Als Paul zwei Jahre alt war, trennten sich die Eltern. Das Gericht legte fest, dass der leibliche Vater das Umgangsrecht für seinen Sohn erhalten muss. Deshalb war Paul später alle vierzehn Tage am Wochenende bei ihm zu Besuch. Der Mutter fiel schon nach kürzester Zeit auf, dass sich der Junge in seinem Verhalten veränderte. Jedes Mal, wenn er nach Hause zurückkam, behandelte er sie mit Missachtung und Herablassung, posierte nackt vor dem Spiegel und fasste fremden Männern an Körperteile, die solch ein kleines Kind gar nicht kennen sollte. Den Antrag der Mutter, den Umgang mit dem Vater zu verbieten, lehnte das Jugendamt ab. Das führte dazu, dass der Junge immer unausgeglichener wurde. Inzwischen hatte die Mutter einen neuen Lebensgefährten, und zur Familie gehörte nun auch ein kleines Mädchen. Auf das zunehmend aggressive Verhalten des Jungen reagierte die Mutter mit Hilflosigkeit, der Stiefvater mit Schlägen. Schon damals hätte man Paul einem Psychologen vorstellen müssen, der die Wahrheit vielleicht herausgefunden hätte. Aber für das Jugendamt bestand dazu keine Veranlassung, wie es im schönen Beamtendeutsch so heißt. Als Paul gegenüber seiner Schwester auch gewalttätig wurde, wollte die Mutter ihn nicht mehr bei sich haben. Sie wünschte sich, dass er in ein Kinderheim oder eine Pflegefamilie kommen sollte. Das Gericht bestimmte jedoch, dass er in Zukunft bei seinem Vater leben musste, der jetzt auch das alleinige Sorgerecht für ihn hatte. Paul wohnte also seit April 2012 bei einem Mann, der andere Erwachsene einschüchtert und unter Druck setzt, was er in der Vergangenheit auch des Öfteren getan hat. Vom Jugendamt wagt es keiner, sich gegen ihn aufzulehnen. Ich kenne ihn zwar nicht persönlich, aber ich kann mir vorstellen, dass er über die Mittel verfügt, um andere in Panik zu versetzen. Pauls Oma erzählte mir, dass der Junge Anfang Oktober 2012 völlig verzweifelt war und sie um Hilfe bat. Er wollte wieder nach Hause zu seiner Mutter und seiner Schwester zurückkehren. Man kann es nicht glauben, aber keiner reagierte auf diese Bitte, weder die eigene Mutter, noch das

Jugendamt oder die Kriminalpolizei. In den nächsten Tagen schrieb ich an alle möglichen Institutionen, um dem Jungen das verpfuschte Leben wenigstens um einiges erträglicher zu machen. Es ist erstaunlich, wie viel Ignoranz und Gleichgültigkeit es auf allen Seiten bis heute gibt. Der Familienhelfer, der bisher noch nicht einen Finger gerührt hat, fühlte sich persönlich angegriffen und die Schule folgte der Anweisung des Vaters, dass niemand mit Paul sprechen durfte. Ich wage mir gar nicht vorzustellen, wie sich ein Kind fühlen muss, das von allen Erwachsenen enttäuscht wurde. Das Landesjugendamt spielte den Ball an das Jugendamt zurück, welches nie tätig geworden ist. Die betreffende Mitarbeiterin gab zumindest zu bedenken, dass es wahrscheinlich keine Erfolgschancen gäbe, solange der Junge nicht gegen seinen Vater vor Gericht aussagen würde. Letzten Endes schickte ich der zuständigen Richterin des Familiengerichts einen Brief, in welchem ich sie bat, die Auflagen zu überprüfen, welche dem Vater vom Gericht erteilt worden waren, als er das alleinige Sorgerecht für ihn bekam und ihn zu sich nahm. Daraufhin wurden meine Daten dem Jugendamt weitergereicht, und die Mitarbeiter dort übergaben Pauls Vater eine Kopie meines Anschreibens. Soweit zum Thema Datenschutz und Zivilcourage, welche im Normalfall spätestens hier erloschen wäre.

Nachdem der Mann mir erfolglos telefonisch auf meiner Arbeitsstelle gedroht hatte, erhielt ich von seinem Anwalt ein Schreiben, in welchem ich zur Zahlung von ca. 450,00 Euro aufgefordert wurde, die mir von ihm für die Anklage der Verleumdung auferlegt wurden. Ich schickte daraufhin dieses Erpressungsschreiben an das Gericht, welches dem Rechtsanwalt höchstwahrscheinlich dann klarmachte, was es von solchen Aktionen hält. Der Junge wurde zwar später noch vor Gericht zum Vorwurf des Missbrauchs durch seinen Vater befragt, aber er sagte aus Angst natürlich nicht gegen ihn aus und wird es auch in Zukunft nicht tun. Das Landeskriminalamt teilte mir nur mit, dass sie erst dann aktiv werden können, wenn eine Straftat vorliegt. Ich hatte von einer Freundin erfahren, dass das Gericht sehr wohl das Recht hat, alle beteiligten Parteien eines Rechtsstreites über mein Anschreiben zu informieren und damit meine Daten weiterzureichen. In den ersten Wochen befürchtete ich tatsächlich, dass der Vater sich an mir rächen würde, zumal er Niederlagen nur sehr ungern hinnimmt. Und gegen eine Frau zu verlieren, verkraftet er gar nicht. Gott hat hier ins Geschehen eingegriffen, weil wie durch ein Wunder der Vater keine Schritte mehr gegen mich unternahm und einfach aufgab. Paul wurde seitdem von ihm in Ruhe gelassen, und das ist nicht ganz schlecht. Der

Vater befürchtete nun, einen falschen Schritt zu tun und hütet sich davor, gesetzeswidrige Handlungen zu begehen. Am 30.06.2014 telefonierte ich mit Pauls Oma. Sie teilte mir mit, dass ihr Enkel jetzt soweit wäre, sich von seinem Vater zu trennen.

Ich nahm das zum Anlass, mal wieder aktiv zu werden, weil der Junge von sich aus den Wunsch verspüren muss, die eigene Situation zu verändern. Seit einigen Monaten hatte das Jugendamt eine neue Leiterin. Deshalb schickte ich am 01.07.2014 erneut ein Schreiben an das Jugendamt, in welchem ich noch einmal auf die Versäumnisse der Mitarbeiter dort hinwies. Nachdem das Amt es nicht für nötig gehalten hatte, auf das Schreiben zu reagieren, wendete ich mich Mitte Juli 2014 an einen Mitarbeiter des Stadtrates. Dieser leitete die Sache an den Beigeordneten der Stadt weiter, welcher auch keine Reaktion auf die Versäumnisse und Vorwürfe zeigte. Der Brief, den ich Ende August 2014 an den Beigeordneten höchst persönlich schickte, blieb auch unbeantwortet. Es ist erschreckend, dass die Verantwortlichen nichts unternahmen, um der Wahrheit auf den Grund zu gehen. Paul brauchte Hilfe, weil er seit Monaten allein in der Wohnung lebte und total auf sich selbst gestellt war. Sein Vater verließ ihn für Wochen und wohnte bei seiner neuen Lebensgefährtin. Aus meiner Sicht sind das unzumutbare und untragbare Zustände und Bedingungen, in denen ein Heranwachsender nicht leben sollte. Immerhin hat Paul wie durch ein Wunder die letzten Jahre fast schadlos überstanden. Im Sommer 2014 nahm er wieder Kontakt zu seiner Oma und seiner Mutter auf. Seitdem treffen sie sich regelmäßig in größeren Abständen. Sie verbringen jetzt auch das Weihnachts- und Osterfest zusammen. Gott hat den Jungen die ganze Zeit beschützt. Das merke ich vor allem daran, dass er einige Freunde gefunden hatte, die einen positiven Einfluss auf ihn ausübten. Die Jungs unterstützten sich gegenseitig, so dass er am Ende doch nicht ganz allein war. Er hat jetzt eine Freundin und macht eine Berufsausbildung. Der Kontakt zum Vater ist abgebrochen. Das Verhältnis zu seiner Schwester, seiner Mutter und Oma ist nun auch wieder besser. Er wird es manchmal sicher bedauern, dass er so lange damit gewartet hat, wieder Kontakt zu denen aufzunehmen, die ihn wirklich lieben. Seine Oma teilte mir mit, dass er sehr bescheiden ist. Über jedes neue Kleidungsstück, jedes neue Paar Schuhe freut er sich und ist dankbar. Gott hat die Gebete der vielen Christen für Paul erhört, indem er ihm ein Umfeld gab, in welchem er sich relativ beständig entwickeln konnte. Ein

Verdienst der zuständigen Behörden war das jedoch nicht. Mich stört vor allem, dass sowohl das Familiengericht als auch das Jugendamt und der Familienhelfer nie überprüften, ob meine Anschuldigungen gerechtfertigt waren und die für den Vater festgesetzten Auflagen erfüllt wurden. Hätten sie Paul im Auge behalten, dann wäre er zumindest psychologisch betreut worden, was für den Jungen sehr wichtig war. Aber alle Beteiligten haben Paul seinem eigenen Schicksal überlassen. Ich frage mich, ob sie noch mit einem ruhigen Gewissen nachts ins Bett gehen und schlafen können, da sie ihre Aufgabe, den Schutz der jungen Menschen, nicht erfüllt haben. Gott hat schon oft gerade Menschen, die vom Leben schlecht behandelt wurden, am Ende reichlichen Segen geschenkt. Paul kann für andere, die in einer ähnlichen Situation wie er sind, viel Beistand und Hilfe geben und wird es eines Tages vielleicht sogar tun.

Ich möchte anhand dieser Geschichte zeigen, wie bekehrte Christen handeln und vor allem, aus welchem Antrieb heraus sie tätig werden. Wenn ich nicht hundertprozentig gewusst hätte, dass Jesus mich die ganze Zeit beschützt und unterstützt, hätte ich sehr viel mehr Angst vor Racheaktionen gehabt und wäre schon viel früher aus der Geschichte ausgestiegen. Viel wahrscheinlicher ist jedoch, dass ich meine Hilfe nie angeboten hätte, weil mich das Leid eines Fremden früher nicht so berührt hat. In dem Bewusstsein, dass Gott uns nie im Stich lässt, wenn wir nach seinen Geboten leben und handeln, kann ich persönlich auch Dinge tun, die vielleicht sogar gefährlich sind. Das war das erste Mal, dass mich jemand wegen Verleumdung vor Gericht verklagen wollte. Aber solche Drohungen prallen jetzt an mir ab, weil ich weiß, dass Gott die Gerechtigkeit liebt und in solchen Fällen immer die Wahrheit ans Licht bringen wird. Der Spruch „Hochmut kommt vor dem Fall" trifft für alle Beteiligten zu, die Unrecht begangen haben. Sie werden ihre gerechte Beurteilung und Bestrafung bekommen, weil sie durch ihre Ignoranz und Gleichgültigkeit den Jungen ins Unglück gestürzt haben. Mir geht es jedoch nicht darum, jemanden anzuklagen. Das steht mir nicht zu, weil ich selbst voller Sünde bin und wahrlich genug unrechte Dinge in meinem Leben getan habe. Auch die Eltern von Paul werden sich eines Tages für ihr Verhalten verantworten müssen. Es wird ihnen nicht viel helfen, wenn sie auf ihre eigene verpfuschte Kindheit hinweisen. Es ist zwar traurig, dass sich bestimmte Verhaltensweisen immer wieder zu vererben scheinen, aber ab einem bestimmten Alter ist jeder für sein Handeln selbst verantwortlich. Ich hoffe, dass auch all diejenigen in den Ämtern und Behörden, die ihrer Verantwortung für die

Kinder nicht gerecht geworden und ihrem Auftrag nicht nachgekommen sind, die Wahrheit noch erkennen, damit sie gerettet werden können. Hoffentlich merken sie dann, wie viel Leid sie über ihre Schutzbefohlenen durch die eigene Untätigkeit gebracht haben.


## Bienes Auftritt mit der Tanzgruppe

Anfang 2013 gab es ein Ereignis, das meine eigene Familie betraf. Unsere Tochter spielte schon seit Jahren in der Musikschule Gitarre, jedoch nur mit mäßigem Interesse und Einsatz. Dies änderte sich abrupt, als sie zusammen mit drei anderen Jungs musizieren durfte und sie sich auf den Wettbewerb „Jugend musiziert" vorbereiteten. Auf einmal wurde ihr Ehrgeiz geweckt, weil das Spielen in der Gruppe immer mehr Freude bereitete. Die Kinder waren voll bei der Sache und probten ein halbes Jahr ganz intensiv. Ich war über das Ergebnis wirklich erstaunt, weil ich es nicht erwartet hatte, dass das Ganze so gut klingen könnte. Biene hat jedoch auch noch ein zweites Hobby, und diesem ist sie mit Haut und Haaren verfallen. Sie ist seit ihrem vierten Lebensjahr in einer Tanzschule, und seit ihrem neunten Lebensjahr tanzt sie in „Hip Hop Formationen", was viel Training, Kondition und Einsatzbereitschaft erfordert, auch wenn das für manchen Laien vielleicht nicht so aussieht. Vor einem Wettkampf trainieren die Kinder manchmal drei Mal die Woche. Wer diesen Sport nicht mit Hingabe ausübt, der wird ihn auch nicht so intensiv betreiben. Bienes Gitarrenlehrer hatte uns am Anfang der Proben mitgeteilt, dass der Musikwettbewerb Mitte Januar 2013 stattfinden würde. Das passte sehr gut in den Plan meiner Tochter, weil am letzten Januarwochenende ein Tanzwettbewerb in den Niederlanden sein würde. Anfang Januar, nachdem ich ihn erneut um den genauen Termin gebeten hatte, teilte er mir dann jedoch mit, dass der Musikwettbewerb auf das letzte Januarwochenende verlegt wurde. Ich war total geschockt, weil nun eine unlösbare Situation entstanden war. Damals sagte ich oft zu meiner Tochter, dass in einer solchen Lage nur ein Wunder helfen kann. Sie solle um ein solches beten, was ich natürlich auch tat. Gott schickt uns nicht einfach Lösungen für unsere Probleme, auch wenn wir ihn darum bitten. Wir müssen schon selbst aktiv werden, wenn wir möchten, dass sich etwas verändert. Zuerst wartete ich ab und hoffte, dass sich die Situation ohne mein Zutun und nur mit Gottes Beistand klären würde.

Nachdem jedoch keine Lösung in Sicht war, musste ich mit dem Musiklehrer sprechen. Dieser Gang ist mir wirklich nicht leichtgefallen, weil ich wusste, dass im schlimmsten Fall Biene den Frust der anderen zu spüren bekommen würde. Und genauso sah es im Moment auch aus. Als ich dem Lehrer mitteilte, dass Biene an diesem Wochenende nicht in Magdeburg wäre, bekam die Mutter von einem der Jungen fast einen Tobsuchtsanfall. Immerhin hatten unsere Schützlinge seit Monaten geprobt, und nun sollte das alles umsonst gewesen sein, weil meine Tochter nicht da wäre. Zur Erklärung muss ich sagen, dass Biene weder bei dem einen noch bei dem anderen Wettbewerb fehlen durfte. Die Gitarrengruppe konnte nur vollständig auftreten. Wenn ein Teilnehmer kurzfristig krank wird, dann haben alle in einer solchen Situation das Nachsehen. Und beim Formationstanz sind die Tänzer sowieso aufeinander angewiesen, zumal Biene öfter auch die Funktion des Vortänzers übernimmt. Der Musikschullehrer musste jedoch einsehen, dass der Fehler hauptsächlich bei ihm lag, weil er uns monatelang nicht über den Auftrittstermin informiert hatte. Und das war auch der Grund dafür, warum er sich nun mit enorm großem Einsatz darum bemühte, eine Lösung zu finden.

Letzten Endes gibt es immer einen Ausweg, vor allem dann, wenn man Gott um Hilfe bittet. Der Musikschulwettbewerb fand zwar trotzdem an dem bewussten Wochenende statt, aber einige Teilnehmer, die genauso verhindert waren wie wir, konnten ihren Auftritt auf den Februar verschieben. Das war manchen von ihnen bestimmt auch ganz recht so. Biene fiel natürlich im Nachhinein auch ein Stein vom Herzen, weil sie sich wegen dieser Sache sehr schlecht gefühlt hatte. Sie wollte nämlich keinen enttäuschen, auch wenn ihr die Jungs sicher nicht so wichtig waren wie ihre Tanzpartner. Ich habe sie öfter an dieses Ereignis erinnert, wenn es eine ähnliche, scheinbar unlösbare Situation gab. Der Mensch neigt leider dazu, solche Dinge schnell wieder zu vergessen. Deshalb weiß ich nicht, wie tief der Schrecken und das Gefühl der Erlösung tatsächlich in meiner Tochter saßen, und ob sie sich heute noch mit der gleichen Intensität daran erinnert wie damals. Bei mir hat das Ganze jedenfalls einen tiefen Eindruck hinterlassen. Ich bin davon überzeugt, dass es ohne Gottes Einwirken keine Lösung für dieses Problem gegeben hätte. Bis zu diesem Zeitpunkt ist der Musikwettbewerb noch nie für einige Teilnehmer verlegt worden. Ungläubige könnten jetzt natürlich sagen, dass dies nichts Besonderes ist, aber ich weiß ganz tief in meinem Inneren, dass Gott uns sehr viel in dieser Situation geholfen hat.

# Fabis neue Ausbildungsstelle

Diese Gewissheit hatte ich auch, als sich unser Sohn Fabian im März 2015 für einen Berufsausbildungsplatz bewerben musste. Er wollte nach Beendigung der Schulzeit kein Studium aufnehmen, sondern die Berufsausbildung zum Industriekaufmann beginnen. Ich hätte nie gedacht, dass die Phase der Bewerbungszeit so anstrengend sein würde. Wenn man in einem angesehenen Unternehmen arbeiten möchte, muss man mehrere Tests bestehen und die Personalabteilung davon überzeugen, dass man der Richtige für den Job ist. Vor einigen Jahren besuchte ich eine Weiterbildung zum Thema „Bewerbung von jungen Menschen für einen Ausbildungsplatz". In dem Großunternehmen „Euroglas" wurde uns erklärt, wie dort die Aufnahmeprüfungen organisiert werden. Ich war damals sofort von diesem Betrieb begeistert, weil ich ein gesundes Betriebsklima verspüren konnte und mir das ganze Unternehmen sehr strukturiert erschien. Ich teilte auch meinem Sohn mit, dass ich mich freuen würde, wenn er einen Ausbildungsplatz in dieser Firma bekommen würde. Er hatte mehrere Tests und Einstellungsgespräche zu bewältigen, während der er selbst auch feststellte, dass die Mitarbeiter der Personalabteilung sehr freundlich zu ihm waren. Fabian fühlte sich von Anfang an sehr wohl und ernst genommen. Im April 2015 erfuhr er, dass er einen der vier Ausbildungsplätze bekommen hatte. Gott hat sowohl mich als auch meinen Sohn auch in dieser Situation geführt. Es war absolut kein Zufall, dass auch ich mir Jahre zuvor gerade dieses Unternehmen anschauen durfte. Im Sommer 2018 beendete er die Ausbildung und studiert nun doch an der Universität Wirtschaftsinformatik.

Ich hatte sowohl für Sabrina als auch Fabian gebetet, obwohl mir im Rückblick klar wird, dass Gott schon immer für unsere ganze Familie die allerbeste Entscheidung getroffen hat, wofür ich ihm natürlich sehr dankbar bin. Beide Kinder waren in Magdeburgs am besten bewerteten Kindergarten. Ich hörte während einer Autofahrt im Radio, dass es in unserer Stadt einen jährlichen Vergleichstest zwischen den Kindergärten gegeben hätte, in welchem immer wieder der evangelische Kindergarten im Stadtteil Diesdorf den ersten Platz belegt hatte. Zu diesem Zeitpunkt war ich noch schwanger, aber ich beschloss, dass mein erstes Kind in diesen Kindergarten gehen soll. Da wir nicht in diesem Stadtteil wohnen, hätten wir wahrscheinlich keinen Platz bekommen. Die Warteliste für interessierte

Eltern ist natürlich bis heute sehr lang. Bevorzugt werden Kinder, die in diesem Stadtteil wohnen. Die Eltern tolerieren die christliche Erziehung ihrer Kinder, auch wenn sie selbst ungläubig sind. Aber auch Kinder mit evangelischer Konfession haben eine Chance. Wir haben schließlich doch einen Platz bekommen und waren unheimlich froh darüber. Für das Geschwisterkind war es dann vier Jahre später natürlich ganz einfach, in diesem Kindergarten aufgenommen zu werden. Ich finde es ganz toll, dass die beiden im Evangelium unterrichtet wurden, auch wenn sie sich mit den Jahren wieder etwas von der Wahrheit entfernt haben. Im Grunde genommen wissen sie, dass sie eine sehr gute Erziehung im Kleinkindalter erhielten und eine sehr behütete Kindheit hatten.

Beide Kinder durften dann anschließend die Grundschule im Stadtteil Diesdorf besuchen, obwohl wir nicht in diesem ländlichen und noch sehr familiären Einzugsgebiet wohnten. Dies war erst nach einem Antrag im Schulamt möglich, den ich persönlich dort stellte. Ich wollte, dass meine Kinder in einer wohl behüteten Umgebung aufwachsen. Sabrina hätte nicht automatisch die Erlaubnis für den Besuch dieser Grundschule bekommen dürfen, weil ihr älterer Bruder zu diesem Zeitpunkt schon das Gymnasium besuchte. Selbst der Direktor der Grundschule wunderte sich damals über die Entscheidung des Schulamtes. Doch am dankbarsten bin ich dafür, dass unsere Tochter ab der fünften Klasse die „Oskar- Kämmer-Schule" besuchen konnte. Sie war eine der Glücklichen, die von 150 Bewerbern ausgewählt wurde. Es konnten jedoch nur 24 Kinder aufgenommen werden. Diese zum Teil privat finanzierte Schule unterrichtet die Schüler bis zur zehnten Klasse. Aber das allgemeine Klima ist um vieles besser als in einer staatlichen Schule, weil sie kleiner ist und sich die Lehrer durch die finanziellen Mittel, die zur Verfügung stehen, individueller um die Schüler kümmern können. Sabrinas beste Freundin, die sie noch aus Kindergarten-zeiten kannte, bekam auch einen dieser begehrten Plätze. Schon während der Schulzeit entstand in meiner Tochter der Wunsch, Grundschullehrerin zu werden. Deshalb hat sie im Sommer 2017 begonnen, die Fachoberschule zu besuchen, um nach zwei Jahren das Fachabitur zu erlangen. Normaler-weise ist das Lehramtsstudium für die Grundschule nur an Universitäten möglich. Da jedoch dringend Grundschullehrer gebraucht werden, wurden die Gesetze diesbezüglich verändert. Jetzt nehmen die Universitäten auch Bewerber auf, die nur die Berechtigung für ein Studium an einer Fachhoch-schule besitzen. Ich denke, dass dies der richtige Beruf für sie ist, weil sie im ersten Jahr an der Fachoberschule jeden Tag begeistert vom Praktikum nach Hause kam. Wie gesagt, sowohl meine schulische Laufbahn als die meiner Kinder wurde von Gott in die richtigen Bahnen gelenkt. Schon allein dafür danke ich ihm jeden Tag, weil das nicht selbstverständlich ist.

Ich bete viel für meine Familie, meine Freunde, Bekannte und Klienten. Aber wenn mehrere Leute für ein und dieselbe Sache beten, hat dies natürlich eine größere Wirkung. Leider trifft das konkret auf meine Person bezogen oft nicht zu, so dass ich mich mit meinen Bitten dann allein an Gott wende. Als ich im Jahr 1995 zu meinem Partner nach Magdeburg zog, war mir schon bewusst, dass ich weit und breit die einzige Christin sein würde, weil alle meine Bekannten, Freunde und Verwandten ungläubig sind. Diese Situation hat sich bis heute nicht geändert. Aber ich habe natürlich auch nach meiner Bekehrung keinen Bogen um sie gemacht, sondern ihnen immer meine neuen Erkenntnisse mitgeteilt, ohne sie dabei zu sehr zu bedrängen. Vierzig Jahre sozialistische Erziehung haben ihre Wirkung hinterlassen. In Magdeburg gibt es nur sehr wenige gläubige Katholiken und Protestanten. Orthodoxe und Juden sind seit dem Zusammenbruch der Sowjetunion und dem Zuzug der Flüchtlinge aus Eritrea jedoch dazugekommen. Das Gleiche trifft für die Christen zu, die bereits im Iran oder Pakistan zum Glauben gekommen sind und aus diesem Grund ihr Land verlassen mussten. Wir haben hier also ein besonders großes Betätigungsfeld für neu berufene Christen, die sich beweisen und andere zu einem Nachfolger Jesu machen möchten. Durch diese spezielle Situation finden auch Flüchtlinge aus Ländern, in denen der Islam die Staatsreligion ist, zu Christus, weil Bekannte ihnen von ihrem Glauben erzählen und sie mit zum Gottesdienst nehmen. Diese Leute kommen meistens aus Afghanistan und finden vor allem deshalb Gefallen am Christsein, weil diese Religion friedlich ist und nicht nur auf Verboten und Regeln beruht. Sie verspüren den Frieden, der von vielen Gemeindemitgliedern ausgeht. Die meisten christlichen Gemeinden werden in Magdeburg jedoch von liberalen Pastoren geleitet, so dass man sich vielleicht vorstellen kann, wie traurig die Situation in dieser großen Stadt aussieht. Aber ich denke mir immer wieder, dass Gott schon seinen Grund gehabt haben wird, mich gerade in diese Gegend zu schicken. Wahrscheinlich liegt es ihm am Herzen, dass auch ich auf meine unchristliche Umwelt einwirke, damit in Magdeburg in naher Zukunft eine große Erweckungswelle kommen kann. Die Familie meines Partners ist immerhin so tolerant, dass sie mich meinen Glauben ausleben lässt. Sie stimmte auch der Taufe unserer Kinder zu. Dass sie sich durch den Einfluss der Umgebung jedoch immer mehr von Gott entfernen, war vorauszusehen, obwohl beide einen evangelischen Kindergarten besuchten und demzufolge das nötige Rüstzeug bekommen haben. Aber in der Schule wird eben vor allem unchristliches Gedankengut vermittelt und Theorien als Gesetzmäßigkeit festgelegt, die schon längst widerlegt sind. Man denke nur an die Evolutionslehre. Ich als Mutter habe dann die Wahl zu entscheiden, ob meine Kinder in diesem Fluss mitschwimmen, damit sie nicht zum Außenseiter werden, oder ob wir gegen diese Übermacht ankämpfen. Letzteres erfordert viel Mut und Ausdauer, die ich leider nicht aufbringen konnte und von meinen Kindern auch nie gefordert habe. Ich bete trotzdem täglich sowohl für meine Familie als auch für meine Freunde, dass sie die Wahrheit noch erkennen, weil ich auf gar keinen Fall möchte, dass sie nicht zu Gott zurückfinden.

Vor Jahren arbeitete ich mit einer Kollegin zusammen, die zum Zeitpunkt des Geschehens schwanger war. Ich fragte sie einmal ganz nebenbei, wie es ihr ginge. Eigentlich erwartet man auf solch eine Frage gar keine Antwort, und schon gar keine negative. Die Frau sollte hocherfreut sein, weil sie bald entbinden würde, aber sie war nicht glücklich. Sie teilte mir mit, dass es ihr nicht gut ginge, aber ich bin auf diese Äußerung nicht eingegangen. Ich dachte, dass dies der Ausdruck ihrer Stimmungsschwankungen sei. Wochen später, der Junge war bereits auf der Welt, stürzte sich diese Frau vom Dach eines elfstöckigen Wohnhauses, weil ihre Ehe zerbrochen war. Sie hatte wohl versucht, die Ehe durch ein Baby zu retten, aber der Kleine konnte die Situation auch nicht ändern. Ich habe mich später oft gefragt, ob ich der Frau vielleicht doch hätte helfen können, indem ich ihr das eine Mal zugehört hätte. Das ist zwar sehr unwahrscheinlich, aber wir wissen schließlich nicht alles. Ein Wort kann manchmal ein gesamtes Leben verändern, ein falsches Wort allerdings auch. Deshalb dürfen wir nicht einfach nur Floskeln von uns geben, sondern müssen uns schon genau überlegen, was wir sagen. Diese rhetorischen Anstandsfragen, auf die man sowieso keine ehrliche Antwort erwartet, sind total in Mode gekommen. Wer will denn heute schon wirklich wissen, wie es dem anderen geht? Wenn derjenige dann noch ehrlich antwortet, dass er Probleme hat, sind die meisten gar nicht vorbereitet und wollen nicht zuhören. Dabei ist das gerade in solchen Momenten sehr wichtig. Wir müssen unseren Mitmenschen mehr Aufmerksamkeit schenken. Die Vereinsamung der Menschen nimmt auch in den Großstädten immer mehr zu, weil jeder nur an sich selbst denkt. Dabei hat Gott uns gerade so geschaffen, dass wir glücklich in einer Gemeinschaft leben sollen. Ignoranz und Desinteresse sind die größten Probleme unserer Zeit. Deshalb suchen einsame Menschen oft Zuflucht in Sekten und ominösen Vereinigungen. Sie werden dort natürlich mit offenen Armen empfangen und fühlen sich sogar wohl, weil ihnen wunderbar das Gefühl der Zusammengehörigkeit, das sie im täglichen Leben so vermissen, vermittelt wird. Das ist der beste Nährboden für Satan, weil er an solchen Orten, wo es vor allem um die Anbetung irgendwelcher selbst ernannter Propheten und Heiler geht, ganz ungehindert einen schlechten Einfluss auf die Betroffenen ausüben kann.

Im Gegensatz dazu tun bekehrte Christen Gutes, die in einer Gemeinde verwurzelt sind und ihren Glauben wirklich ernst nehmen. Wir sollen den Menschen in Liebe begegnen und ihnen helfen, sooft es geht. Aus diesen Taten entsteht immer eine gute Frucht, die man häufig nicht sofort wahrnimmt. Die positiven Ergebnisse unserer Bemühungen können manchmal erst nach Jahrzehnten erkennbar werden. Robert hat mir einmal erzählt, dass er und seine Freunde in seiner Missionszeit in Halle auch oft mit Drogen- und Alkoholsüchtigen in Kontakt kamen. Sie zeigten den Gefallenen, wie ein friedliches Beisammensein aussehen kann. Einer von ihnen ist erst viele Jahre später vom Alkohol losgekommen. Viele dachten, dass dies nie geschehen würde, aber wir sollten gerade bei solchen Dingen die Hoffnung nie aufgeben. Wir müssen immer auf Gott vertrauen, weil nur er weiß, wann für jeden einzelnen der richtige Moment zur Umkehr gekommen ist. Dann spricht er diejenigen auch persönlich an, sei es durch Worte, durch Texte in einem Buch oder eben durch ein Video wie bei mir. Eine ganz besondere Frucht ist die Liebe, denn sie kann die Menschen wirklich verändern. Schon ein freundliches Wort zu jemandem, den wir gar nicht kennen, zeigt demjenigen, dass er uns nicht egal ist. Es sind die Kleinigkeiten im Leben, die unsere Mitmenschen zur Dankbarkeit bewegen. Und wir sollten immer bedenken, dass aus einer kleinen Pflanze unter Umständen ein großer Baum entstehen kann. Der freundliche Morgengruß von heute kann morgen schon die Nachfolge Jesu bewirken. Menschen erinnern sich an diejenigen, die ihnen Mut gemacht und sie in Notsituationen aufgebaut haben, sei es auch nur durch mitfühlende Worte. Unser Leben soll durch die Liebe zueinander geprägt sein. So wünscht es sich Gott. Wer nach diesem Prinzip lebt und selbstlos Vertrauen schenkt, Liebe weitergibt und Unterstützung anbietet, der wird von Gott dafür belohnt werden.

Wenn wir jedoch aus Berechnung handeln, dann wird dies den anderen zwar helfen, für uns selbst jedoch keinen Segen bringen. Mit einer Sache habe ich persönlich selbst schwer zu kämpfen. Wir müssen uns genau überlegen, welche Worte wir wählen, weil auch sie ewig bei Gott gespeichert und bei der Beurteilung vor seinem Gericht bedeutsam sind. Ich ertappe mich oft dabei, wie ich über andere schimpfe, die aus meiner Sicht unnützes Zeug reden, dumme Dinge tun, andere schlecht behandeln und sich für etwas Besseres halten. Dann fällt mir schnell einmal ein Schimpfwort ein, das wirklich nicht heilig ist. Ich rede auch über andere, wenn sie nicht anwesend sind. Oder ich kritisiere Menschen, weil sie meiner Meinung nach die falsche Lebensweise aufweisen, unrechte Dinge tun oder ganz einfach nicht so sind, wie ich es für richtig halte. Das ist auch schon Hochmut, denn woher nehme ich mir das Recht, über andere zu urteilen? Ich weiß, dass dies einer meiner größten Fehler und eine der am tiefsten sitzenden Angewohnheiten sind. Aber ich versuche natürlich, meine Worte besser auszuwählen. Ein intelligenter Mensch überlegt erst, bevor er spricht. Das kann ich von mir nicht immer behaupten, weil ich oft zu impulsiv reagiere. Jede Person trägt eine andere Verantwortung für sein Leben, weil wir nun einmal sehr verschieden sind. Wenn ich von mir ausgehe, dann denke ich, dass ich diesbezüglich schon ganz schön gefordert bin. Auch ich habe vom Herrn einen sehr großen Freiraum dafür bekommen, dass ich dieser Verantwortung gerecht werden kann. Wir alle sind jedoch trotz dieser Freizügigkeit Gottes für unser Handeln zu jeder Zeit selbst verantwortlich. Selbst wenn uns Satan durch ein schlechtes Lebensumfeld, durch falsche Freunde, Drogen oder ähnliches verführt, können wir uns nicht von dieser Pflicht freikaufen. Ich denke, dass ich Gott am besten dienen kann, wenn ich Kindern und Jugendlichen verschiedenster Nationalitäten das Evangelium näherbringe. Gott ist es völlig egal, welches Ansehen wir in der Gesellschaft genießen und demzufolge auch, welches Amt wir übernehmen, weil wir die eigenen Verdienste sowieso nur durch ihn erringen konnten.

Dieser Gedanke beruhigt mich sehr, weil ich dadurch Hemmungen gegenüber Personen verliere, die in höhergestellten Positionen arbeiten. Wenn ich weiß, dass diese Menschen auch nur durch die Gnade Gottes an diese Stelle gelangt sind, dann brauche ich keine Angst mehr vor ihnen zu haben. Ich begegne diesen Personen mit Respekt, aber nicht mit unbedingtem Gehorsam und Unterwürfigkeit. Und wenn ich bemerke, dass die Person, mit der ich unmittelbar zusammenarbeite, die anvertraute Verantwortung für eigene Zwecke durch unehrliches Verhalten missbraucht, dann schwindet sogar der Respekt. Ich bin mir ziemlich sicher, dass diese Menschen es sogar spüren, wenn sie es mit jemandem zu tun haben, der Unehrlichkeit und Ungerechtigkeit nicht dulden kann. Der Heilige Geist übt in diesen Momenten Einfluss auch auf sie aus, was ich in den meisten Fällen an der Mimik und Gestik, aber insbesondere dem unsicheren Auftreten, erkennen kann. Ich denke dann, dass für Gott zum Glück alle Menschen gleich sind. Auch einflussreiche Persönlichkeiten können nicht uneingeschränkt herrschen und allen ihre selbstgemachten Gesetze und Regeln aufdrängen. Der Herr sieht jedes Unrecht und wird auch diese Personen eines Tages zur Rechenschaft ziehen, egal ob sie nun als Richter, Rechtsanwalt, Beamter, Leiter sozialer Einrichtungen, Politiker oder Beamter in Behörden und Ämtern gearbeitet haben. Aber ich hoffe in den konkreten Fällen, in denen ich mit unehrlichen, ignoranten, machtbesessenen, respekt- und gewissenlosen Personen zu tun habe, dass ihr Fehlverhalten noch zu ihren Lebzeiten aufgedeckt wird, damit nicht zu viele Menschen zu Schaden kommen und leiden müssen und sie selbst auch noch gerettet werden können.

Gott liebt es besonders, Menschen für große Dienste und Werke auszusuchen, die im Grunde genommen gar nicht für diese Aufgaben geeignet wären, weil sie zu schüchtern, nicht redegewandt, nicht intelligent genug oder auch einfach nur nicht kontaktfreudig sind. Wenn ich ehrlich bin, zähle ich auch zu diesem Personenkreis. Ich kann mich noch genau daran erinnern, dass ich in meiner Schul- und Jugendzeit nur sehr wenige Freunde hatte und wegen meines schüchternen Charakters ein Außenseiter war. Es fiel mir unheimlich schwer, Kontakte zu anderen zu knüpfen. Deshalb war ich damals oft allein, was ich persönlich gar nicht so gut fand. Wenn ich mich heute so sehe, dann frage ich mich wirklich oft, woher ich die Kraft für all das nehme, was ich tue. Und dann wird mir immer wieder bewusst, dass ich ohne den Heiligen Geist absolut gar nichts bewerkstelligen könnte. Daraus können wir die Schlussfolgerung ziehen, dass der Herr niemanden bevorzugt und für ihn keiner wichtiger ist. Im Gegenteil, er will, dass alle Menschen gerettet werden und sie die Wahrheit erkennen. Gott lässt niemanden bewusst in die Verdammnis gehen, indem er ihm die Errettung vorenthält. Der Herr verurteilt niemanden zum endlosen Dasein in der Hölle oder gibt den Menschen diese Vorbestimmung, weil wir selbst darüber entscheiden können, wie unser Schicksal verlaufen wird. Wir allein tragen die Verantwortung dafür, ob wir das ewige Leben erhalten oder nicht. Gott schickt niemanden ins Verderben, weil er alle Menschen liebt. Von den verstockten Menschen wusste er bereits vor der Erschaffung der Welt, dass sie nie den Weg zu ihm finden werden. Bevor wir Ja zu Gott sagen können, hat er seine Entscheidung schon vor langer Zeit getroffen und uns erwählt. Darüber können wir wirklich glücklich sein. Aber er respektiert auch unsere freie Wahl und wartet geduldig darauf, dass wir uns für ein Leben mit ihm entscheiden. Ohne sein Erbarmen könnten wir von ihm nicht angenommen werden. Gott allein wusste von Anfang an, welche Personen von ihm erwählt wurden und sich daraufhin eines Tages freiwillig für ihn entscheiden werden. Da wir jedoch die Gewissheit haben, dass Gott jedes Gebet zur Bekehrung annimmt, sollten wir uns auf eigenen Wunsch zu Jesus bekehren. Mit dem Gebet, durch das wir die Vergebung Gottes erhalten, vollenden wir nur das, was Gott vor Jahrtausenden schon für uns festgelegt hat. Deshalb würde ich jedem empfehlen, besser heute als morgen das Opfer Jesu anzunehmen, denn unsere Zeit ist begrenzt. Gottes Geduld dagegen ist unendlich groß. Er wartet in jedem Moment darauf, dass mehr und mehr Menschen sein liebevolles Wesen erkennen und seine Gnade der Errettung annehmen.

## Familie Safi kommt nach Deutschland

Anfang 2012 kam Herr Safi, ein älterer Mann aus Afghanistan, zu mir ins Büro. Er erzählte mir seine Geschichte, die ich bis heute nicht richtig begreifen kann. Aber ich finde es wichtig, darüber zu berichten. Herr Safi hat früher als Lehrer gearbeitet. Bei einem Raketenangriff verlor er, während er an einer Bushaltestelle auf den nächsten Bus wartete, seine rechte Hand und die Hälfte seines linken Beines. Später arbeitete er als Leiter eines Kinderhauses für die deutsche Organisation „Kinder brauchen uns" in Kabul. Dieser deutsche Verein finanzierte sich ausschließlich aus Spendengeldern und hatte es sich zur Aufgabe gemacht, kranke Kinder aus Afghanistan nach Deutschland zu bringen, damit sie hier operiert werden konnten. Gleichzeitig wurde in Kabul ein Haus für obdachlose Waisen und Kinder, deren Eltern sich nicht um sie kümmern konnten, gegründet. Es war ein guter Ort, weil sie dort Schulbildung und mehrere Malzeiten am Tag bekamen. Für das Engagement wurde der Leiter des Vereins sogar mit dem Bambi ausgezeichnet. Ich begrüße diese Einsatzbereitschaft wirklich sehr, aber im Nachhinein stellte sich heraus, dass hinter all dem viel mehr steckte. Herr Safi teilte mir mit, dass 21 der Kinder, die wegen einer Operation in unserem Land waren, nie wieder in ihre Heimat zurückgekehrt sind. Daraufhin wurden er und seine Familie von den Eltern dieser Kinder bedroht, weil sie dachten, dass er die Schuld daran trage. Herr Safi schickte viele Mails an den Leiter der Hilfsorganisation nach Deutschland um zu erfahren, wo die Kinder seien. Er erhielt von ihm jedes Mal die Antwort, dass sie zum Zweck der Rehabilitation noch länger hierbleiben müssten. Einige der Kinder befanden sich zu diesem Zeitpunkt schon mehr als sechs Jahre in unserem Land.

Anfang 2012 reiste Herr Safi selbst für ein Gespräch mit dem Leiter des Vereins nach Deutschland, weil er sich Klarheit verschaffen und vor Ort das Problem lösen wollte. Er wurde herb enttäuscht, weil ihm hier absolut keiner dabei helfen wollte, die Kinder wieder zu ihren Eltern zurück nach Afghanistan zu bringen. Als er mir die Fotos der Kleinen, die zum Teil noch Babys waren, mit den dazugehörigen Geschichten zur Einsicht gab, konnte ich es nicht fassen. Wir leben in einem Staat, in welchem das Rechtssystem noch funktioniert. Da sollte es doch möglich sein, Licht in die Sache zu bringen. Nach einem Gespräch mit seinem Rechtsanwalt war mir jedoch klar, dass hier so manches vertuscht werden sollte. Die Familie von Herrn Safi musste sich ab dem Zeitpunkt, als er das Heimatland verlassen hatte, in Afghanistan verstecken, weil sie sonst von den enttäuschten Eltern getötet worden wäre. Seine Kinder konnten monatelang nicht zur Schule gehen und seine Frau durfte sehr lange das Haus nicht verlassen, in welchem sie Zuflucht gefunden hatten. Dass sie alle heute noch leben, ist schon ein Wunder. Ich teilte diese Geschichte verschiedenen Zeitungsverlagen und Fernsehsendern mit, weil ich wusste, dass man eine Veränderung in der Situation nur herbeiführen kann, wenn man die Geschichte in die Öffentlichkeit bringt. Gleichzeitig schrieb ich an die Gerichte und Ministerien, die eine Lösung für das Problem finden könnten. Interessant fand ich vor allem die Reaktion des Auswärtigen Amtes in Berlin. Mir wurde mitgeteilt, dass die Geschichte dort bekannt wäre, weil es bereits Morddrohungen gegen Mitarbeiter der deutschen Botschaft in Kabul genau deswegen gegeben hätte. Sie selbst könnten jedoch nichts unternehmen, weil es sich um eine Angelegenheit handle, die in Afghanistan geregelt werden müsse. Der gleichen Meinung war auch das Innenministerium in Berlin. Auf den Antrag, diese Organisation näher unter die Lupe zu nehmen und per Gerichtsbeschluss zu verbieten, wurde jedoch sogar von der Staatsanwaltschaft in Duisburg darauf verwiesen, dass es nicht genügend Beweise gäbe, die ein Verbot rechtfertigen würden. Es würde sich um einen Fall handeln, der in Afghanistan bearbeitet werden müsste. Der Meinung war ich jedoch nicht, da der Verein hier in unserem Land registriert war und sich von deutschen Spendengeldern finanzierte. Die Medien zeigten anfangs noch reges Interesse an dem Fall, zogen sich dann jedoch alle blitzartig zurück, weil die Mitarbeiter der Presse und des Fernsehens von höherer Stelle die Anweisung bekommen hatten, nicht zu berichten. Obwohl der Staatsanwaltschaft in Duisburg sehr viele Akten dieser ungeklärten Fälle vorlagen, unternahm man nichts.

Eines Tages, als ich die Hoffnung auf irgendeine Veränderung schon aufgegeben hatte, zeigte „Report München" eine sehr interessante Dokumentation. Es hatte sich doch tatsächlich jemand gefunden, der diese Geschichte näher untersuchte. In dem Bericht wurden Behörden in Deutschland interviewt, die jedoch alle Ausflüchte fanden. Aber es fuhren auch Reporter direkt nach Afghanistan, um die Leute vor Ort zu befragen. Dort erhielten sie die Information, dass tatsächlich mehrere Familien bis zum heutigen Tag auf die Rückkehr ihrer Kinder warten. Es kamen jedoch auch kriminelle Dinge ans Tageslicht. Der Leiter des Vereins „Kinder brauchen uns" trat den Familien gegenüber als Arzt auf. Nachdem er ihr Vertrauen gewonnen hatte, ließ er die Eltern der kranken Kinder ein Papier unterschreiben. Sie dachten sicher, es handele sich um die Einverständniserklärung für den Transport der Kinder nach Deutschland und die Operation, die die Kinder in unserem Land erhalten sollten. In Wahrheit unterschrieben sie eine Adoptionsurkunde. Nachdem die Kinder geheilt waren, wurden sie hier in Deutschland für eine Adoption an deutsche Eltern freigegeben. Dies wurde in diesem Bericht durch mehrere Personen bestätigt. Für mich ist das reiner Menschenhandel, der mit sofortiger Wirkung unterbunden werden musste. Nachdem sich diese Kinder mehrere Jahre hier aufgehalten und auch eine Adoptionsfamilie gefunden hatten, wurde von den zuständigen Jugendämtern festgelegt, dass eine Rückführung nach Afghanistan nicht möglich sei. Das Kindeswohl der Kinder wäre gefährdet, weil es ihnen dort viel schlechter ginge als in Deutschland. Bis heute hat sich an dieser Einstellung nichts geändert. Wenn diese Kinder ins Erwachsenenalter kommen, können sie selbst entscheiden, ob sie in Deutschland bleiben möchten. Das hat sich bis dahin sowieso erledigt, weil sie nicht zu ihren Eltern und in ein Land zurückkehren wollen, das sie nicht mehr kennen. Manche der Kinder waren zum Zeitpunkt der Einreise in

Deutschland erst wenige Monate alt. Sie wissen wahrscheinlich gar nicht, woher sie wirklich kommen. Nach der Ausstrahlung dieser Dokumentation ist jedoch nie wieder etwas für die Kinder und die Familien in Afghanistan unternommen worden, weshalb ich davon überzeugt bin, dass unsere Regierung das Thema einfach ad acta gelegt hat. Einen Kompromiss hat unser Staat jedoch geschlossen. Die Familie von Herrn Safi bekam Asyl in Deutschland und ist jetzt auch in Magdeburg.

Ich bin mir ziemlich sicher, dass damit ihr Schweigen erkauft wurde, weil Herr Safi mir nun vehement aus dem Weg geht. Er befürchtet sicher, dass ich ihn nach den Vorgängen befrage. Das werde ich jedoch nicht tun, weil für mich der Fall abgeschlossen ist. Auch ich weiß, wann es sich nicht mehr lohnt, gegen Ungerechtigkeit zu kämpfen, weil diejenigen, die die Gesetze im Land machen, selbst nicht ehrlich sind und sehr erfolgreich verhindern können, dass derartige Fälle gelöst werden. Aber in der Anfangsphase meiner Bemühungen habe ich wirklich oft für die Lösung des Problems gebetet. Den Mut und die Ausdauer hat mir der Heilige Geist gegeben. Viele rieten mir damals und tun das bis heute, mich aus solchen politischen Angelegenheiten rauszuhalten, weil das gefährlich für mich und meine Familie werden könnte. Herr Safi ist in Afghanistan kein Unbekannter, er hatte sogar Kontakt zu dem damaligen Regierungspräsidenten. Heute denke ich, dass diese brisante Situation nicht anders gelöst werden konnte. Es gab natürlich noch viele andere, die sich für den Mann aus Afghanistan eingesetzt haben. Gott hat die Gerechtigkeit für seine Familie wiederhergestellt, und der Verein „Kinder brauchen uns" wurde auf zunehmenden Druck auch endlich verboten. Das Kinderhaus musste leider schon schließen, als Herr Safi das Land verlassen hatte, weil kein geeigneter Nachfolger gefunden werden konnte. Was die Situation der Kinder und ihrer Familien in Afghanistan selbst betrifft, darüber will und kann ich mir kein Urteil erlauben. Vielleicht ist es für einige von ihnen tatsächlich die bessere Lösung, hier in Deutschland zu bleiben. Dort würden sie ein weniger komfortables Leben führen, um es mit einfachsten Worten zu beschreiben. Was die Familie Safi und ihr Oberhaupt selbst betrifft, da bin ich persönlich auf völlig unterschiedliche Reaktionen gestoßen. Während ein Teil seiner Kinder Deutschland sicher den Vorwurf macht, für ihre persönliche Misere verantwortlich zu sein, sind die anderen einfach nur dankbar dafür, dass sie nach Monaten der Ungewissheit endlich eine Zufluchtsstätte gefunden haben. Herr Safi ist das größte Rätsel für mich, weil er mir gegenüber selten ehrlich war. Einerseits ist er mir sehr dankbar und hat auch schon gesagt, dass er es ohne meine Hilfe nicht geschafft hätte, seine Familie nach Deutschland zu holen. Andererseits hat er auch bei der Polizei eine Falschaussage über mich gemacht, um sich selbst einen Vorteil zu verschaffen. Ich müsste diesen Mann normalerweise für das, was er getan hat, verurteilen. Und das hätte ich früher auch getan. Aber jetzt tut er mir nur noch leid und ich ignoriere ihn. Die islamische Religion ist unter anderem deshalb für mich absolut nicht akzeptabel, weil es für manche Muslime legitim ist, die aus ihrer Sicht Ungläubigen zu belügen, wenn es ihnen hilft. Nachdem ich Herrn Safi mitgeteilt hatte, dass ich bekennende Christin bin, schwärmte er vom Christentum und von Jesus. Aber seitdem seine Familie hier ist, sind seine Worte vergessen. Ich glaube heute, dass er mir in all den Monaten intensivster Gespräche immer nur das sagte, wovon er sich einen Vorteil erhoffte.

Herr Safi ist vielleicht ein sehr geeignetes Beispiel dafür zu zeigen, wie sich einige Anhänger des islamischen Glaubens in Notsituationen verhalten. Muslime und alle anderen glauben jedoch auch an einen Schöpfer, der das Universum erschaffen hat. Sie erkennen die Tatsache, dass es Gott geben muss, einerseits an allen Lebewesen und allen Dingen, die er kreiert hat. Und andererseits besitzt seit dem Sündenfall jeder Mensch ein Gewissen, durch das uns Gott in vielen Situationen auch gefühlsmäßig zeigt, wann wir bewusst etwas Unrechtes tun. Bei den meisten Menschen löst Fehlverhalten ein negatives Gefühl aus. Gott erinnert uns durch unser Gewissen daran, dass wir von ihm getrennt sind. Alle Menschen dieser Erde suchen die Verbindung zum Herrn. Die Sehnsucht nach ihm tragen wir in unserem Herzen, weil Gott sie uns gegeben hat. Er gab uns aber auch die Fähigkeit des Denkens und einen freien Willen, damit wir selbst über unser Leben bestimmen können. Weil die Menschen die Beziehung zu Gott von sich aus wiederherstellen wollten, haben sie sich nach dem Sündenfall verschiedene Gottheiten oder Religionen ausgedacht. Sie dachten, dass sie durch erfundene Vorschriften und Riten und das Anbeten angeblich heiliger Gegenstände den Weg zu Gott allein finden könnten. Alle diese menschlichen Bemühungen, die letzten Endes erfolglos sind, bezeichnet man als Religion. Ich lehne ausnahmslos alle Religionen ab, weil sie auf von Menschen erdachten Ritualen, Anbetungsgegenständen und anbetungswürdigen Personen und Heiligen basieren. Das trifft auch auf die christliche Kirche zu. Ich verkünde allein das Evangelium und richte mich nur danach, was in der Heiligen Schrift steht. Wenn uns Gott in der Bibel nicht darum gebeten hat, für ihn bestimmte Dinge zu tun, dann ist das lediglich ein menschlicher Gedanke. Die Anbetung der Heiligen in der orthodoxen Kirche gehört für mich genauso dazu wie die Verehrung des „Heiligen Vaters" und der „Mutter Gottes".

Martin Luther war wirklich kein perfekter Mensch. Im Gegenteil, vor allem am Ende seines Lebens nahm er Position gegen die Juden ein, was aus meiner Sicht mehr als unverständlich ist. Wie konnte er das Volk Gottes so hassen, obwohl doch gerade er darüber Bescheid wissen musste, dass Jesus für uns alle ans Kreuz gegangen ist? Er hätte froh darüber sein müssen, weil auch er dadurch gerettet wurde. Außerdem wurden die Juden von den Pharisäern dazu überredet, Jesus kreuzigen zu lassen. Am meisten zu verurteilen sind also die Religionsführer selbst. Und auch Luther war weiß Gott nicht ohne Sünde. Er hätte sich damals wahrscheinlich auch nicht anders als die Juden in Jerusalem verhalten. Sie waren irregeführt und dachten, dass der Messias sie von den Römern befreien würde. Als dies nicht geschah, waren sie der Meinung, und sind es zum größten Teil bis heute, dass Jesus nicht der Messias sein kann. Für mich ist das eine nach-vollziehbare Denkweise. Es ist jedoch auch möglich und durch Schriften überliefert, dass Luther besonders das negative Verhalten einiger jüdischer Banker verurteilte. In jeder Glaubensgemeinschaft gibt es schwarze Schafe. Aber wir haben Luther auch zu verdanken, dass die evangelische Kirche weitestgehend wieder dorthin zurückgefunden hat, wo die ersten Christen einst begonnen hatten, weg von den Ritualen und hin zum Evangelium. Die christlichen Urgemeinden, die aus dem Judentum hervorgegangen waren, lebten nur nach den Lehren des Evangeliums und sind deshalb für mich die einzig wahren Christengemeinden bis zum heutigen Tag.


## Von San Francisco nach Tel Aviv

Im Mai 2013 bekam ich auf Facebook eine Freundschaftsanfrage von einer Frau, die jetzt in Tel Aviv lebt. Das ist nichts Besonderes, weil dies durch die Texte, die ich dort fast täglich über das Evangelium niederschreibe, öfter vorkommt. Leute abonnieren meine Seite, weil sie im Grunde genommen hungrig nach Gott sind. Es wäre auch nichts weiter passiert, wenn ich beim Ansehen von Marys Profil nicht darauf gestoßen wäre, dass sie aus San Franzisco kommt. Die USA haben mich schon immer interessiert und deshalb fragte ich eher aus Neugier, warum sie von den USA nach Israel umgezogen sei. Damit begann eine Geschichte größeren Ausmaßes, deren Verlauf meinerseits nie so geplant war. Aber auch in diesem Fall kann man sehen, wie Gott eingreift, wenn er merkt, dass wir seine Hilfe brauchen. Anfangs teilten wir uns im Chat lediglich mit, wie wir so leben und worin der Mittelpunkt unseres Lebens besteht. Es stellte sich heraus, dass Mary sich schon seit Jahren alleinerziehend mit drei pubertierenden Teenagern abplagen muss. Das ist nicht negativ gemeint, aber wer Mädchen im Alter von 16 bis 19 Jahren in seinem Haushalt zu versorgen hat, der weiß, wovon ich rede. Sie hatte sicher immer genug zu tun und war mit ihrer Mutterrolle voll ausgelastet. Nun kommt aber gerade die Zeit, in der die Küken bald das Nest verlassen und flügge werden. Sie brauchen unsere Hilfe nicht mehr so oft und gehen zunehmend ihrer eigenen Wege. Für Mary bedeutet das, dass sie jetzt mehr mit ihren eigenen Freunden und ohne ihre Kinder unternimmt. Sie treffen sich recht oft, aber im Grunde genommen interessiert sich keiner wirklich für die Probleme der anderen. Aber Mary öffnet sich sowieso sehr ungern und mag es nicht sonderlich, anderen von ihren Zweifeln, Ängsten und Nöten zu berichten. Sie ist ein sehr emotionaler Mensch und hat deshalb manchmal mit Stimmungsschwankungen zu kämpfen. Als wir uns kennenlernten, war sie gerade in einer depressiven Phase, weil der Mann, den sie liebte, sie verlassen hatte. In stundenlangen Gesprächen konnte ich sie davon über- zeugen, dass das Leben nach einem solchen Fiasko trotzdem lohnenswert ist und wunderschön sein kann. Ihre Mitmenschen nutzen sie oft aus, weil sie zu jedem freundlich aber auch zu gutgläubig ist. Immer dann, wenn sie von jemandem, dem sie ihr Vertrauen entgegengebracht hatte, abgewiesen wurde, projizierte sie die Schuld dafür auf sich selbst. Da sie ohne Vater aufgewachsen ist und ihre Mutter ihr wenig Liebe und Aufmerksamkeit in der Kindheit entgegengebracht hat, kennt sie das Gefühl nicht, von den Eltern umsorgt und geliebt zu werden. Die Zuneigung ihrer Kinder ist natürlich eine andere Art von Liebe.

Und genau in dem Moment, als sie an einem Tiefpunkt angelangt war, nahmen wir Kontakt zueinander auf. Ich hatte von Anfang an tief in mir das Gefühl, dass sie Unterstützung braucht und dass Gott mich für diese Aufgabe bestimmt hat. Er weiß am besten, welche Menschen zueinander passen. In der Zeit des Krieges in Gaza im Sommer 2014 war ihre Lage besonders schlimm. Durch den Stress nahm Mary immer mehr ab und war eigentlich nur noch ein Strich in der Landschaft. Seit drei Jahren hat sie jedoch einen Freund, der sie und ihre Familie finanziell unterstützt. Sie arbeitet in seinem Restaurant. Aus meiner Sicht ist das die beste Lösung für sie. Ende Oktober 2014 verbrachte ich zehn Tage in Israel. Ich war mit einer Reisegruppe aus Franken unterwegs, um einige Originalschauplätze der Bibel zu besichtigen. Am zweiten Tag besuchte uns Mary in Jerusalem und verbrachte den Tag mit der Gruppe. Wir besichtigten die Stadt und nahmen sogar an einem deutschen Gottesdienst teil. Für Mary war das Neuland, weil sie Jüdin ist. Aber sie hat es genossen, und wir hatten viel Spaß zusammen. Seit dieser Zeit ist sie mir noch mehr ans Herz gewachsen. Wahrscheinlich liegt es daran, dass mir schon bewusst ist, auf was für einem Pulverfass die Familie in Israel sitzt. In diesem kleinen Land kann es jederzeit zu Auseinandersetzungen zwischen den Muslimen und den Juden kommen, weil kein muslimisches Land jemals Israel als eigenständigen Staat anerkennen wird. Aber es liegt natürlich auch daran, dass ich diese kleine Person bewundere, weil sie ihr schwieriges Leben als Alleinerziehende bisher so gut gemeistert hat. Mary sagte mir schon in Israel, dass sie Jesus kennenlernen möchte. Ich schenkte ihr eine Bibel, gab ihr aber gleichzeitig den Rat, nicht das ganze Buch auf einmal durchzulesen. Für jemanden, der sich noch nie mit der Heiligen Schrift beschäftigt hat, ist das sicher eine Überforderung. Sie hat auch nicht darin gelesen, weil sie einfach noch nicht so weit war.

Am 30.10.2014 ließ ich mich zum zweiten Mal in meinem Leben taufen, und diesmal im Jordan an der Stelle, wo Jesus getauft worden sein soll. Die Taufe war der eigentliche Grund meiner Reise nach Israel. Ich wollte als Erwachsener zeigen, dass ich ein Nachfolger Jesu bin. Als Kind hat man ja nicht die Wahl, und die Konfirmation mit 14 Jahren nimmt sowieso der Großteil der Jugendlichen nicht so ernst, wie er sollte. Am Abend vor der Taufe hatte ich die Eingebung, dass ich den Leuten von meiner Bekehrung erzählen sollte. Mein Zeugnis kann auch solch ein Samen sein, der gesät wurde und aus dem Großes entsteht. Im Grunde genommen hat mir Gott schon im Vorfeld gezeigt, dass er meinen Entschluss unterstützte. Die Taufe wurde von einem Pastor der evangelischen Landeskirche vorgenommen. Mir wurde erzählt, dass es ihnen nicht erlaubt ist, eine Person zum zweiten Mal zu taufen, weil es sich um ein Sakrament handelt. Aber sowohl er als auch die Pastorin meiner Gemeinde hatten keine Einwände, weil es Gottes Wille war. Heute glaube ich, dass der Herr damit zeigen wollte, dass auch die Landeskirchen sich öffnen können. In unserer

Reisegruppe waren drei Pastoren, mit denen ich sehr ausführliche Gespräche führte. Meine Hoffnung bestand darin, dass sie den einen oder anderen Gedankenimpuls aufgenommen haben und in ihrer Arbeit umsetzen werden. Sie müssen die Gemeinde darauf hinweisen, dass die Bekehrung das Wichtigste im Leben der Menschen ist. Und sie sollten viel öfter im Gottesdienst Leute zu Wort kommen lassen, die etwas Schönes oder Wundersames mit Gott erlebt haben. Als ich den Mitreisenden von meiner Bekehrung unmittelbar vor der eigentlichen Taufe berichtete, waren einige so ergriffen, dass sie sogar weinten. An dem Morgen war der Himmel dicht. Es sah so aus, als ob es jeden Augenblick zu regnen beginnen würde. Aber genau in dem Moment, als ich getauft wurde, riss der Himmel auf und die Sonne kam durch. Vielleicht wollte Gott auch damit ein Zeichen setzen, dass wir einfach daran glauben sollen, dass jeder Mensch schon hier auf der Erde eine lebendige Beziehung zu Jesus haben kann. Ich fand diese Taufe sehr ergreifend und werde sie nie wieder in meinem Leben vergessen. Heute ist mir klar, warum mich ein Pastor, der in der evangelischen Landeskirche arbeitet, taufen musste. Der Herr hat uns damit gezeigt, dass es für ihn völlig unwichtig ist, welcher christlichen Konfession wir angehören. Wichtig ist der Glaube an ihn und das versprochene Heil durch den Opfertod Jesu. Wer sich zu ihm bekennt, der ist gerettet. Da spielt die Ausrichtung der Kirche keine Rolle mehr.

In den zehn Tagen unseres Besuches in Israel haben wir geschichtlich wichtige Plätze auch im Westjordanland besucht. Aber zu diesem Zeitpunkt war schon zu spüren, dass etwas in der Luft liegt. In Bethlehem waren wir sogar in einer Baptistengemeinde zu Besuch. Man kann sich gar nicht vorstellen, wie viel Mut dazu gehört, Jesus in einem solchen Gebiet mit so viel Gewaltpotential treu zu bleiben. In Hebron besuchten wir eine kleine Synagoge, die sich mitten im Wohngebiet befand. Beide Gebäude sind von außen gar nicht als Gotteshäuser zu erkennen. Trotzdem fand ich diese Schauplätze wichtiger als die vielen Kirchen, die die Franziskaner und die Orthodoxen im Wettstreit errichtet haben. Man kann sich nur schwer vorstellen, wo Jesus seine Bergpredigt gehalten hat, weil sich auf dem Hügel heute eine große Kirche befindet. Einen Tag nach unserem Besuch auf dem Tempelberg wurde dieser seit 1967 das erste Mal gesperrt. Den Rabbiner, der an diesem Tag von einem arabischen Palästinenser angeschossen und fast getötet wurde, hatten einige Mitglieder unserer Reisegruppe zuvor sogar auf dem Tempelberg gesehen. Sehr beunruhigend war, dass die Muslime dort laut „Allah ist größer" schrien.

Das eigentliche Wunder, das Gott an Mary geschehen ließ, fand jedoch erst im März 2015 statt. Schon Anfang des Jahres bemerkte ich, dass sie sehr verzweifelt war, weil ihre Situation aussichtslos schien. Seit mehreren Jahren hatte Mary einen beruflichen Lehrgang besucht und stand nun kurz vor einer Prüfung. Bei ihrem Umzug in die neue Wohnung ging ihr Laptop mit all den Aufzeichnungen verloren, die sie für ihre Abschlussarbeit brauchte. Sie hatte zu dem Zeitpunkt nicht das Geld für den Kauf eines neuen Gerätes. Ich schickte ihr welches. Sie investierte es in einen neuen Laptop und konnte dann das Computerprogramm neu gestalten. Das nahm sehr viel Zeit und Mühe in Anspruch, aber sie hatte ja von Anfang an das Ziel vor Augen, nach Beendigung der Ausbildung einen Job in dem Bereich zu finden, in welchem sie genügend für sich und ihre Familie verdienen könnte. Im Februar 2015 hatte Mary ihren persönlichen Tiefpunkt erreicht, weil sie feststellen musste, dass sie das Gelernte oft nicht verstehen und umsetzen konnte. Sie war sehr verzweifelt. Aber auch diesmal gab ich ihr den Rat, auf Gott zu vertrauen und Jesus um Hilfe zu bitten. In den darauffolgenden Wochen fühlte sie sich gestärkt und spürte am eigenen Körper, dass die Kraft zurückkehrte. Sie nahm ein paar Nachhilfestunden und konnte nun die Programme wie durch ein Wunder verstehen.

Ende Februar wurde sie plötzlich furchtbar krank. Mary litt wochenlang an einem Husten, der durch kein Antibiotikum zu lindern war. Diese Situation war wirklich sehr beunruhigend. Kein Medikament sprach an. Ich war wirklich sehr verzweifelt und bat Gott täglich um Hilfe. Der Arzt musste ihr schließlich Cortison verschreiben. Mary hatte einen Röntgentermin, zu dem sie nicht sofort ging, weil sie Angst vor der Diagnose hatte. Es war zu vermuten, dass sie eine Lungenentzündung oder vielleicht sogar etwas noch Schlimmeres haben musste. Letzten Endes überwand sie sich doch und war vollkommen überrascht, als ihr der Arzt mitteilte, dass auf dem Röntgenbild nichts zu sehen war. Er konnte sich das nicht erklären, denn der anhaltende Husten musste Folgen haben. Ich wusste, dass meine Freundin diesen Termin hatte. Als sie sich den ganzen Tag nicht meldete, befürchtete ich schon das Schlimmste. Also rief ich sie am Abend an. Mary war vollkommen überwältigt davon, dass sich jemand Sorgen um sie machte. Während des Telefongesprächs musste sie sogar weinen, weil noch nicht mal ihre eigene Familie sie angerufen hatte. Ich war sehr ergriffen und hatte einige Probleme mit dieser Erkenntnis. Aber es ist auch ganz schwer zu verstehen, wie sich jemand fühlen muss, der als Kind nicht behütet aufgewachsen ist und demzufolge es nicht kennt, geliebt zu werden. Gott liebt sie jedoch so, wie sie nun mal ist. Dies war eine total neue Erkenntnis für sie. Mary konnte sich bis zu dem Tag, an dem ich ihr das mitteilte, selbst nicht annehmen, weil sie sich für nicht liebenswert hielt. Sie gab sich selbst dafür die Schuld, dass sich einige Menschen von ihr abgewendet hatten.

Am 08.03.2015 betete ich zusammen mit Robert, der an diesem Tag seine erste Predigt in einer kleinen Gemeinde gehalten hatte, für Marys Genesung. Das Wunder geschah, weil sie bedingungslos auf die Heilungskraft von Jesus vertraute. Nachdem ich ihr von dem gemeinsamen Gebet mit Robert berichtet hatte, setzte sie sofort die Medikamente ab, die ihren Körper vergifteten. Aus ihrer Sicht war das die einzige Möglichkeit der Rettung, da alles andere nicht geholfen hatte. Ich denke, das ist hundertprozentiger Glaube und vollkommene Hingabe an Gott. Mary wurde vollkommen gesund. Das Beste an all dem ist jedoch, dass sie erkannt hat, dass Jesus ihr Retter ist. Nur er konnte sie heilen. Am 11.03.2015 hatte sie eine Prüfung, vor der sie große Angst hatte. Ich sagte ihr, dass sie nur auf Jesus vertrauen müsse. Er würde ihr zur Seite stehen und die nötige Kraft und das Wissen geben, das sie braucht. Nach der Prüfung teilte sie mir mit, dass sie vorher zu Jesus gebetet hatte. Sie wusste alles und konnte sogar fühlen, wie sie durch den Test getragen wurde. Manchmal nutzt Gott eine wirklich aussichtslose und verzweifelte Situation, um daraus etwas Gutes entstehen zu lassen. Mary glaubt nun an das Opfer Jesu und ist deshalb gerettet. Etwas Besseres konnte ihr gar nicht passieren. Es gibt Menschen, die an die Existenz Gottes, aber nicht an den Messias glauben. Das ist zwar schon ein Schritt in die richtige Richtung, bringt ihnen aber nicht die Errettung vom Tod. Mary war auch ihr Leben lang ein gläubiger Mensch. Aber sie hatte keinen direkten Kontakt zu Gott, weil dieser auf der Erde nur durch den Heiligen Geist entstehen kann. Jesus lebt und er wirkt in uns. Durch ihn erhalten wir die Liebe, Kraft und das Wissen, das wir brauchen, um erfolgreich sein zu können. Im Mai 2015 besuchte ich Mary in Tel Aviv. Ich musste lernen, dass nicht alle Frauen emanzipiert sind. Der Schlüssel für Unabhängigkeit ist Bildung, ohne die man natürlich keinen Beruf ausüben kann, in dem man finanziell auf eigenen Beinen steht. Mary war jedoch ihr Leben lang vor allem finanziell von anderen abhängig und ist es bis heute. Ich hatte den Eindruck, dass sie mit dieser Situation recht gut zurechtkommt. Beziehungen funktionieren vielleicht auch deshalb manchmal sehr gut, weil ein Partner den Takt angibt und der andere die Anweisungen befolgt. Wenn beide damit zufrieden sind, kann man ja noch nicht einmal etwas dagegen sagen. Ich lernte ihren Partner kennen, aber wir wurden keine Freunde, weil er meine Selbständigkeit nicht akzeptierte. Ich habe einen eigenen Kopf und brauche niemanden, der für mich Entscheidungen trifft. Aber dieser Mann kennt es nicht anders und ist es gewohnt, dass die anderen sich nach seinen Anweisungen und Wünschen richten.

Ende 2016 habe ich meine Freundin mit ihren Kindern noch einmal in Berlin getroffen, weil sie damals für einen Kurztrip nach Deutschland gekommen sind. Wir haben ein paar Stunden zusammen verbracht und uns die Hauptstadt angesehen. Ich besuchte 2015 während meines Aufenthalts in Tel Aviv auch eine messianische jüdische Gemeinde, die zum größten Teil aus zugewanderten russischen und ukrainischen Juden besteht. Ich empfand den Gottesdienst als sehr angenehm, weil ich das Gefühl hatte, dass es die Leute ernst mit ihrem Glauben an Jesus meinten. Vielleicht wird Mary eines Tages diese Gemeinde aufsuchen und dort ehrliche und aufrichtige Freunde finden. Sie können ihr dabei helfen, im Glauben stark zu bleiben. Dass Gott Wunder bewirken kann, das weiß sie jetzt. Wenn ich ihr nicht geholfen hätte, dann hätte der Herr jemanden anderen geschickt. Gott weiß, dass Mary ihn innig liebt, und deshalb hat er sie beschützt. Ich bin nicht ihr Lebensretter, auch wenn es für sie so aussieht.

## Ines, ein Vorbild für andere

Ich kenne Ines schon seit der Zeit, als wir zusammen an der Pädagogischen Hochschule an Magdeburg studierten. Wir waren nicht von Anfang an die besten Freundinnen, weil wir völlig unterschiedliche Charaktere besitzen. Mit ziemlicher Sicherheit hätten wir uns auch nicht näher kennengelernt, wenn Gott nicht auf unser Leben Einfluss genommen hätte. Ich glaube schon, dass er unsere Wege zusammengeführt hat, weil ich von mir aus höchstwahrscheinlich nicht den Weg zu ihr gesucht hätte. Wir lernten uns erst besser kennen, als wir gemeinsam in einem Kinderferienlager als Betreuer arbeiteten. Danach nahm ich mir Ines irgendwie zum Vorbild, weil ich damals noch sehr zurückhaltend war und über ein gering ausgeprägtes Selbstbewusstsein verfügte. Ines schien im Gegensatz dazu auf alle eine faszinierende Wirkung zu haben. Sie war attraktiv, intelligent, zielstrebig und zukunftsorientiert. Zu der Zeit hatte ich zum Teil sogar

Minderwertigkeitskomplexe, weil meine Studienleistungen nicht so gut waren wie die meiner Mitkommilitonen. Deshalb fand ich es gut, dass wir manche Dinge gemeinsam unternahmen. Einige Studenten der Seminargruppe missbilligten diese Freundschaft und zeigten ihren Unwillen auch ganz offen. Ines hatte damals einen sehr dominanten Charakter, und ich ordnete mich fast immer ihrem Willen und Wünschen unter. Eine ihrer unangenehmsten Eigenschaften bestand darin, dass sie dazu neigte, andere nur wegen ihres Charakters oder Aussehens zu beurteilen, auch wenn sie selbst alles andere als perfekt war. Ich mochte das natürlich nicht, aber ich duldete dieses Verhalten wahrscheinlich gerade deshalb, weil ich auch gern so bewundert worden wäre wie sie. Leute mit Führungsqualitäten haben es immer leichter im Leben und sind nie Außenseiter. Sie bestimmen, wer zu ihrem Freundeskreis gehört. Damals bin ich in diesem Fluss auch mit geschwommen, weil ich über ein total niedriges Selbstwertgefühl verfügte. Ines und ich, wir unterhielten uns damals auch über den Glauben an Gott. Ich hatte in der Öffentlichkeit nie verheimlicht, dass ich Christ bin, auch wenn das in den Zeiten des Sozialismus nicht ganz einfach war. Eines Tages teilte mir Ines mit, dass sie auch evangelisch sei. Wahrscheinlich war ich die einzige, der sie diese Information gegeben hatte. Sie war politisch gesehen ein typischer Mitläufer, der keine Probleme haben und nicht auffallen wollte. Ines hätte ihren Glauben an Gott, wenn er damals überhaupt schon stark genug ausgeprägt war, niemals öffentlich kundgetan.

Sie teilte mir einmal mit, dass sie schon immer den Drang verspürt hätte, Schwache und Außenseiter wie mich zu unterstützen. Vielleicht war das aus ihrer Sicht der Beweggrund für unsere Freundschaft. Diese Aussage stimmt jedoch nicht, weil ich während des Studiums auch andere Freunde hatte. Aber irgendetwas wird sie an meiner Person schon interessant gefunden haben, sonst wären wir nicht über Jahre hinweg befreundet gewesen. Ines hatte große Pläne für ihre Zukunft. Sie konnte sich ihr Leben nur an der Seite eines Arztes, Rechtsanwaltes oder anderen Akademikers vorstellen. Ines war aber auch selbst talentiert und eine sehr gute Lehrerin, die ihren Beruf mit Hingabe ausübte. Nach dem Studium ist der Kontakt zwischen uns kurzfristig abgebrochen, und wir gingen unsere eigenen Wege. Ich erfuhr, dass sie nach Bayern gezogen war und dort eine Familie gegründet hatte. Anfang der 90er Jahre schrieben wir uns wieder Briefe. Sie teilte mir mit, dass sie aktiv in einer evangelischen Gemeinde tätig war und an einigen verschiedenen Schulen als Deutschlehrerin arbeitete. Das war gar nicht so selbstverständlich, weil unsere Diplome in Bayern bis heute nicht anerkannt werden, obwohl wir die gleiche Ausbildung wie jeder bayrische Pädagogikstudent absolviert haben. Ines durfte trotzdem an der Universität von Bayreuth und in einer christlichen privaten Schule arbeiten, wo bei der Einstellung auf die Fähigkeiten und Berufserfahrung geachtet wurde. Allein diese Tatsache ist ungewöhnlich, aber eine große Überraschung wartete auf mich, als ich sie und ihre Familie besuchte. Damals war ihr Sohn gerade ca. 1,5 Jahre alt. Ich habe diese Frau nicht wiedererkannt. Es war, als ob eine völlig andere Person vor mir stehen würde. Ines war nun mit einem einfachen Beamten, der an einem Gericht arbeitet, verheiratet, und von ihrem einstigen Charakter war wenig übriggeblieben. Ich konnte mir nicht erklären, wieso sie auf einmal so in sich gekehrt, ruhig, ausgeglichen, freundlich und zuvorkommend war. Ines lebte ein einfaches Leben ohne Computer und Handy. Zuerst vermutete ich, dass dieses veränderte Verhalten durch das Leben auf dem Land und die Gemeinschaft in der Kirche hervorgerufen worden wurde. Aber nachdem Ines mir erzählte, dass sie sich zu Jesus bekehrt hätte, war mir alles klar. Sie war ein völlig neuer Mensch geworden, durch Jesus verändert.

Als ich 1997 einen Taufpaten für unseren Sohn Fabian brauchte, fragte ich sie, ob sie diese Aufgabe übernehmen wolle. Sie zögerte zwar anfangs, sagte dann aber zu. Aus diesem Grund sind wir auch familiär miteinander verbunden. Alle meine Bekannten, Freunde und Verwandten sind wie gesagt Ungläubige, und deshalb war die Auswahl an Taufpaten sowieso mehr als gering. Unsere Familien trafen sich in den darauffolgenden Jahren eher sporadisch und nicht sehr oft. Eines Tages teilte mir Ines mit, dass ihr Mann an Depressionen leide und im Krankenhaus wäre. Diese Nachricht hat uns alle damals schwer getroffen, weil wir ihn sehr mögen. Er ist ein guter, aber im Charakter viel zu schwacher Mensch. Die Familie meiner Freundin hat damals sehr schlimme Zeiten durchlebt, sie kam jedoch immer wieder auf die Beine. In den Folgejahren haben wir uns nur selten gesehen, weil Ines ihre Eltern in Sachsen- Anhalt nicht oft besuchte und wir auch nicht nach Bayern gefahren sind. Aber wir telefonierten regelmäßig miteinander und so erfuhr ich, dass der Mann von Ines immer öfter mit seinen Depressionen zu kämpfen hatte und letzten Endes sogar die Familie verlassen hatte. Schon damals spürte ich, dass so einiges aus dem Ruder lief. Aber helfen konnte ich nicht. 2013 teilte mir Ines während eines Telefonats nebenbei mit, dass sie an Multipler Sklerose erkrankt sei. Diese Offenbarung traf mich wie ein Schlag ins Gesicht. Ich war sprachlos und wusste zuerst gar nicht, wie ich auf die Nachricht reagieren sollte. Ines ist bis heute ein vom Stolz geprägter Mensch. Sie will kein Mitleid und nicht bedauert werden. Deshalb erzählt sie nur sehr selten von ihrer Krankheit.

Anfang des Jahres 2014 besuchte ich sie das erste Mal seit Jahren. Ich war geschockt, als sie mir die Tür ihres Hauses öffnete, obwohl ich bereits wusste, dass sie nur noch mit dem Rollator laufen kann. Die Frau, die nun vor mir stand, sah der Person, die ich von früher kannte, äußerlich kaum noch ähnlich. Sie selbst sagt über sich, dass die Krankheit sie auffrisst. Diese Beschreibung trifft es wohl am besten. Seit dem 24. Lebensjahr leidet Ines an dieser Krankheit und nur Gott allein weiß, wie schwer sie es in den letzten Jahren hatte. Aber sie hat nie aufgegeben und fand neuen Halt bei Jesus. Er hat sie durch all die Schwierigkeiten getragen, so dass sie wenigstens noch einige Jahre sogar als Lehrerin arbeiten konnte. Ines sagt heute, dass sie ohne den Beistand Jesu längst gestorben wäre. Ihr Gehirn ist schon so zerstört, dass sich die behandelnden Ärzte darüber wundern, dass sie noch lebt. Aber sie ist eine Kämpferin und lässt sich nicht unterkriegen. Ines wirkte in der Zeit, in der ich bei ihr zu Besuch war, nicht ein einziges Mal traurig oder frustriert über ihr Schicksal, sondern versuchte, in allem noch das Positive zu sehen. Wir haben uns stundenlang unterhalten, und ich konnte mit eigenen Augen sehen, wie zufrieden und dankbar jemand sein kann, der sein Leben Jesus übergeben hat. Als ich ihr sagte, wie traurig ich es finde, dass sie nun so leben müsste, antwortete sie ganz überrascht, dass sie mich nicht verstehen könne. Ihr Leben wäre nie so gut gewesen wie seit dem Zeitpunkt, als sie ein Nachfolger Jesu geworden wäre. Für einen gesunden Menschen ist das kaum zu begreifen, aber es scheint so zu sein, dass selbst Totkranke Erfüllung im Leben durch Jesus finden können.

Ines wohnt jetzt in einem Heim im Betreuten Wohnen, nachdem ihr Mann und ihr Sohn sie schon vor Monaten verlassen hatten. Obwohl der Ehemann meine Freundin im Stich gelassen hat, kann ich trotzdem verstehen, dass es für einen Menschen, der an Depressionen leidet, sehr schwer ist, den fortschreitenden Verfall seiner Frau zu ertragen. Seine Krankheit hat ihn zu einem wirklich schwachen Menschen gemacht. Das Gleiche trifft auf den Sohn zu, der es einfach nicht schafft, mit der fortschreitenden Erkrankung der Mutter und den Depressionen des Vaters klarzukommen. Deshalb ist er selbst nicht in der Lage, einer normalen Arbeit nachzugehen. Sein Selbstbewusstsein ist total unterentwickelt, und er hat kein Selbstwertgefühl. Der Sohn konnte bis jetzt auch nicht den Hauptschulabschluss erlangen. Eine Berufsausbildung wird er höchstwahrscheinlich ebenso wenig machen können, weil er es nie gelernt hat, längere Zeit durchzuhalten. Früher war Ines das Zentrum der Familie. Sie hat alles organisiert und alle Entscheidungen getroffen. Schon vor Jahren hat sie mit den Eltern ihres Mannes gebrochen, weil sie ihren Lebensstil nicht mehr akzeptieren wollte. Anfangs gab es noch Diskussionen, aber da sich ihr Mann nicht durchsetzen konnte, brach der Kontakt zu den Schwiegereltern vollkommen ab. Diese Familiengeschichte ist ein reines Desaster, und deshalb verstehe ich, dass Ines immer total verbittert und unzufrieden ist, wenn sie an ihre Verwandten denkt und von ihrer Schwiegermutter spricht. Das betrifft auch ihre eigene Familie, weil sie kaum noch Kontakt zu ihren Brüdern und zu ihrer Mutter hat. Menschen, die nicht vergeben können, möchte Gott jedoch nicht an seiner Seite haben. Deshalb denke ich, dass es für meine Freundin besser ist, wenn sie als Kranke in den Himmel kommt, weil Gott ihr das Verhalten dann nachsehen kann. Ines sagt, dass sie ihre Verwandten nicht braucht und deshalb auch nicht sehen möchte. Aber der Ausdruck in ihrer Stimme ist jedes Mal voller Hass und Verbitterung. Sie freut sich schon auf ein Leben ohne Krankheit und Dahinsiechen im Jenseits. Ich denke jedoch, dass Ines nur zu Gott kommen wird, weil er ihre Krankheit, die ihr Gehirn schädigt, berücksichtigt. Ohne diese Einschränkung hätte sie keine Chance, jemals gerettet zu werden und das ewige Leben bei Gott zu bekommen. Wie kann das sein, da sie doch schon seit vielen Jahren ein bekehrter und wirklich sehr gläubiger Christ ist?

Die Antwort auf diese Frage bekommt man unter anderem in dem Buch „Die Ewigkeit im Herzen" von John Bevere. Der Autor zeigt schonungslos, was auf die Menschen zukommt, die sich nicht zu Lebzeiten bekehrt haben. Er betont aber auch, dass diejenigen, die bereits bekehrt und damit frei von Sünde waren, sich jedoch später wieder bewusst der Sünde hingegeben haben, erst recht von Gott verstoßen werden. Sie wussten ja immerhin, was sie tun. Und Ines Fehler besteht darin, dass sie das oberste Gebot Jesu nicht beachtet, jeden zu lieben und sich mit denjenigen zu versöhnen, mit denen man im Unreinen ist. Sie ist deshalb so verbittert, weil sie Dinge nicht vergessen kann und will, die vor langer Zeit passiert sind. Aber Hass ist auch eine Todsünde. Und wer voll von diesem Gefühl ist, kann nicht ins Himmelreich kommen. Es ist doch so, dass Jesus uns alle Sünden abgenommen hat. Er hat uns von unserer Schuld befreit, und da sollte es doch nicht so schwer sein, Hassgefühle zu überwinden und den Feinden die

Hand zu reichen. Es gibt sogar Christen, die dem Mörder des eigenen Kindes oder eines anderen Familienangehörigen aus ehrlichem Herzen vergeben haben. Ohne Jesu Hilfe ist das gar nicht möglich. Wir selbst sind so sehr in unseren Gefühlen gefangen, dass wir keinen Ausweg finden könnten. Aber Jesus kann uns diese Bürde nehmen. Ich hoffe, dass Ines noch erkennt, welche Gnade sie selbst bekommen hat. Vielleicht kann sie eines Tages sowohl ihrem Mann, der sie im Stich gelassen und sich nicht um sie gekümmert hat, als auch ihrer Schwiegermutter vergeben. Das wünsche ich ihr wirklich sehr, weil nur Vergebung wirklich frei macht. Wenn sich beide Parteien sogar versöhnen, dann ist das natürlich noch besser. Aber da man keinen sehr großen Einfluss auf das nehmen kann, was die Gegenpartei denkt und fühlt, muss man sich vorerst damit begnügen zu vergeben. Wenn jemand uns etwas sehr Schlimmes angetan hat und wir deswegen mit ihm jahrelang im Streit liegen, dann ärgert sich der andere meistens gar nicht mal so sehr. Es kann sogar sein, dass er gar nicht mehr an die unangenehme Situation denkt. Aber uns frisst dieses Hassgefühl von innen auf, weil wir ständig darüber grübeln, was der andere uns angetan hat. Für Ines wünschte ich mir wirklich, sie könnte sich eines Tages mit ihren Verwandten versöhnen. Ansonsten hoffe ich von ganzem Herzen, dass sie auch so von Gott angenommen wird, weil sie durch diese furchtbare Krankheit tatsächlich in ihrem Denken beeinträchtigt ist.

## Andrea sucht einen Kindergartenplatz

Andrea kam aus Rumänien und besuchte mich im Büro, weil ihr die Schule, in der sie einen Sprachkurs belegen wollte, den Tipp gegeben hatte, sich an mich zu wenden. Ihr Sohn war damals fünf Jahre alt und sollte noch ein paar Monate den Kindergarten besuchen, bevor er im Sommer 2013 eingeschult wurde. In Magdeburg gibt es nie freie Kindergartenplätze und jeder, der sein Kind in einer Einrichtung unterbringen möchte, muss mehrere Monate warten. Es gibt zwar im Internet eine Seite, auf der alle freien Plätze angezeigt werden sollen. Aber in der Praxis sieht das so aus, dass diese längst vergeben sind, wenn man sich in der betreffenden Einrichtung meldet. Ich sah in dem Fall auch keine Chance, weil ich diese Situation nicht verändern kann. Andrea teilte mir nebenbei noch mit, dass sie ihren Jungen gern in dem Kindergarten „Mandala" unterbringen wollte, weil dieser sich nicht zu weit von ihrer Sprachschule entfernt befand. Ich fragte trotz besseren Wissens im Jugendamt an und erhielt natürlich die

Antwort, dass die Situation aussichtslos sei. Wenige Wochen später rief mich jedoch eine Mitarbeiterin zurück und teilte mir mit, dass soeben ein Platz im Kindergarten „Mandala" frei geworden sei. Im Normalfall hätte ich das Jugendamt gar nicht angerufen, weil ich weiß, dass man keine Plätze vergeben kann, wenn keine vorhanden sind. Aber dass ich es trotzdem getan habe, das allein ist schon sehr erstaunlich. Und wie groß ist die Wahrscheinlichkeit, dass in einer so großen Stadt wie Magdeburg, in der es laut dem Branchenbuch 81 Kindertagesstätten gibt, gerade in dem Moment in dem einen Wunschkindergarten ein Platz frei wird? Rein Rechnerisch geht die Chance gegen Null. Aber zu diesem Zeitpunkt hat mich die ganze Situation gar nicht mehr so verwundert, weil täglich Dinge passieren, die mir durch den Heiligen Geist gegeben werden. Diesen Fall finde ich erwähnenswert, weil er ganz typisch zeigt, wie Gott hilfreich in unser Leben eingreifen kann. Vielleicht wird Andrea sich eines Tages an all die Situationen erinnern, die positiv für sie ausgegangen sind, obwohl es aus rein menschlicher Sicht keine Lösung gab. Und dann wird sie sich hoffentlich fragen, ob dies alles tatsächlich nur durch Zufall geschah und erkennen, dass ihr Gott dabei geholfen hat, trotz der vorhandenen Schwierigkeiten letztendlich doch noch ans Ziel zu kommen. Denn das war gar nicht so selbstverständlich, weil ihr Mann sie und das Kind allein in Deutschland zurückgelassen hatte und nach Rumänien zurückgekehrt war. Sie war immer von ihm finanziell abhängig, weil er in unserem Land als Arzt gearbeitet hatte und sie damals keiner Tätigkeit nachging. Gott wirkt auch dann schon auf die Menschen ein, wenn sie noch gar nicht bereit für ihn sind. Da er von Zeit und Raum unabhängig ist, spielt dieser Aspekt keine Rolle für ihn. Der Herr kann Verbindungen herstellen, die sich auf einen Zeitraum von mehreren Jahrzehnten erstrecken. Andrea wird sich heute garantiert nicht so viele Gedanken über den Glauben machen. Gott lässt sich viel Zeit und weiß selbst ganz genau, wann der richtige Moment gekommen ist, um vielleicht auch diese junge Frau auf die richtige Spur zu bringen. Solche Wunder passieren täglich, aber nur diejenigen, die den Glauben an Gott schon gefunden haben, sehen das aktive Eingreifen des Schöpfers in unser Geschehen.

Anfang 2015 rief mich eine Frau vom Gesundheitsamt an und fragte mich, ob ich jemanden kennen würde, der Rumänisch spricht. Bei ihr wäre eine junge Frau, die noch nicht Deutsch sprechen könne, aber bald einen Termin in der Landesfrauenklinik wegen der bevorstehenden Geburt ihres Kindes hätte. Ich verschickte eine Rundmail im Internet, bekam aber nur ablehnende Meldungen. Keiner kannte jemanden, der freiwillig helfen und auch noch Rumänisch sprechen konnte. Für mich war der Fall schon erledigt, als ich eines Tages einen Anruf von der VHS bekam. Am anderen Ende war eine Frau, die ich persönlich kenne, weil unsere Söhne in der gleichen Mannschaft zusammen Fußball spielten. Sie teilte mir folgende Geschichte mit. An dem Tag, als ich die Rundmail verschickte, war ihre Vorgesetzte krank. Deshalb las sie die Mailpost. Weil auch sie mir nicht helfen konnte, reagierte sie nicht. Ein paar Tage später führte die VHS einen Stadtrundgang für Interessierte durch. Es nahm eine Rentnerin teil, die während der Veranstaltung beiläufig erwähnte, dass sie einige Jahre in Rumänien gelebt hätte. Sofort erinnerte sich meine Bekannte an die Mail und fragte die alte Dame, ob sie bereit wäre, der jungen, schwangeren Frau zu helfen. Sie gab bereitwillig ihre Telefonnummer weiter, und ich rief die ältere Dame am nächsten Tag an. Während des Gespräches teilte sie mir mit, dass sie früher als Hebamme gearbeitet hätte und natürlich gern helfen würde. In dieser Geschichte sind mehrere Wunder geschehen. Wenn die Vorgesetzte nicht krank gewesen wäre, dann hätte meine Bekannte die Mail gar nicht gelesen. Sie führte selbst den Stadtrundgang durch, und demzufolge konnte auch nur sie die alte Frau, die Rumänisch spricht, treffen. Wenn sie mich nicht persönlich gekannt hätte, hätte sie vielleicht die Mail überlesen. Das ist normal im Sozialbereich, weil man ständig mit Mails zugeschüttet wird. Und dann übte die alte Dame auch noch genau den Beruf aus, der für diese Situation gebraucht wird. Als ich der Frau im Gesundheitsamt die Geschichte erzählte, konnte sie es gar nicht fassen, aber sie war unheimlich dankbar und froh. So wirkt Gott täglich im Leben der Menschen, aber leider können viele diese Lenkungen und Hilfestellungen gar nicht begreifen, weil sie nicht an göttliche Wunder und Fügungen glauben. Für sie sind das alles günstige Zufälle.


## Die Millerbrüder brauchen Hilfe

Alex und Vladimir Miller sind Anfang 2014 aus Kasachstan nach Deutschland gekommen. Ihr Vater wohnt mit seiner zweiten Familie schon seit Jahren hier, aber die Probleme, die diese beiden Jungs anfangs zu bewältigen hatten, hätte er für sie allein gar nicht lösen können. Sie kamen zu dritt in unser Büro, weil der Vater beim Jobcenter einen Antrag der Jungs auf eine eigene Wohnung stellen wollte. Zu dem Zeitpunkt war mir noch gar nicht klar, dass sie bis dahin kein einziges ihrer Probleme selbst gelöst, die Jungs also wochenlang kein Geld bekommen hatten. Ich frage mich bis heute, wie die Familie das finanziell überstehen konnte. Als Alex und Vladimir in Magdeburg ankamen und vorläufig in ein Wohnheim einziehen wollten, teilten ihnen die Mitarbeiter dort mit, dass es keine freien Plätze gäbe. Ihnen wurde auch keine Alternative angeboten, so dass der Vater seine Söhne mehrere Monate in seinem Wohnzimmer schlafen ließ. Das war auch deshalb sehr schwierig, weil es in der Familie ein behindertes Kind gibt, das jeden Morgen sehr früh geweckt wird, weil es schon um ca. 6.00 Uhr mit dem Bus abgeholt wird, welcher die Kinder in eine spezielle Einrichtung in eine andere Stadt bringt. Außerdem lebte in der Familie noch ein Sohn im Kindergartenalter. Konflikte sind wahrscheinlich nur deshalb ausgeblieben, weil alle Beteiligten über ein sehr ruhiges Gemüt verfügen. Als mir bewusst wurde, dass ich bei Null anfangen musste, habe ich fast Rot gesehen. Es war unmöglich, den Mitarbeitern des Jobcenters zu erklären, in welcher Situation sich die Jungs befanden. Wäre alles nach Plan verlaufen, dann hätten Alex und Vladimir mehrere Wochen in diesem Wohnheim gewohnt und wären danach in eine Wohnung gezogen. So entstand jedoch ein unüberwindbares Problem. Weil der Vater und die Stiefmutter der beiden jungen Männer auch arbeitslos sind, müssen die zwei Jugendlichen per Gesetz mit der Familie des Vaters in einer gemeinsamen Wohnung leben. Hätten sie jedoch, wie es im Normalfall vorgesehen ist, gleich nach ihrer Einreise im Wohnheim gelebt, dann hätte ihnen per Gesetz automatisch eine eigene Wohnung zugestanden.

Nun sollte also der Vater eine Wohnung für sechs Personen suchen und die Jungs für die nächsten Jahre bei sich aufnehmen. Das Problem war wie gesagt nicht zu lösen. Eines Tages waren wir wieder alle zusammen im Jobcenter, um irgendetwas zu bewegen und Klarheit zu erhalten. Der Mann am Informationsschalter konnte uns nur den Rat geben, uns in die Warteschlange einzureihen und noch einmal bei einem Mitarbeiter vorzusprechen. Erstens hatten wir schon einmal vor ein paar Wochen zwei Stunden im Wartebereich zugebracht und zweitens konnte ich mir nicht vorstellen, dass diese Mitarbeiter für die Situation eine Lösung anbieten konnten. Aus diesem Grund bin ich einer inneren Eingebung folgend mit den Jungs in den Bereich gegangen, der für diejenigen vorgesehen ist, die einen Erstantrag stellen. Ich hatte keinen Plan im Kopf und wusste wirklich nicht, was ich tun sollte. Gerade in dem Moment, als wir den Flur betraten, kam aus einem der Zimmer eine gute Frau, die ich privat kenne. Ich sagte ganz spontan zu ihr: „Du kommst wie gerufen und musst uns helfen." Sie antwortete, dass wir Glück hätten, weil ihr Kunde nicht erschienen wäre und sie deshalb Zeit hätte. Diese Bekannte half uns, indem sie zu der Kollegin ging, die für die Millerbrüder zuständig war. Diese unterbrach daraufhin ihre Arbeit. Normalerweise wäre sie nicht ansprechbar gewesen und wir wären völlig umsonst im Jobcenter gelandet. Die zuständige Kollegin sagte sofort, als sie uns sah, dass es in dem Fall völlig unmöglich sei, eine eigene Wohnung für die Jungs zu bekommen. Ich nannte ihr jedoch den Namen der Mitarbeiterin vom Sozialamt und bat sie, wenigstens mit ihr zu telefonieren. Diese Frau sollte der Mitarbeiterin vom Jobcenter erklären, dass die Stadt Magdeburg daran schuld war, dass die jungen Männer nach ihrer Einreise nicht mit einem Wohnheimplatz versorgt werden konnten. Darauf antwortete sie, dass sie zwar anrufen würde, dies aber keinen Einfluss auf ihre Entscheidung hätte. Nach ca. einer halben Stunde teilte uns die Mitarbeiterin vom Jobcenter mit, dass sie in dem Fall doch eine Ausnahme macht. Irgendwie hatte ich schon damit gerechnet, weil ich spürte, dass der Heilige Geist hier bereits helfend zur Seite stand. Er agiert nie so, dass wir etwas beginnen und das Endresultat des Ereignisses dann doch negativ ist. Viele werden jetzt sagen, dass das alles nur zufällig so passiert ist. Aber ehrlich gesagt, wie groß ist die Wahrscheinlichkeit, dass von mehreren hundert Mitarbeitern des Jobcenters ich gerade diejenige kenne, die genau zum richtigen Zeitpunkt aus der passenden Tür direkt auf mich zukommt und die auch noch Zeit für uns hat, weil ihr Kunde nicht gekommen ist? Solche Geschichten sind mir mit dieser Familie öfter passiert, aber bisher konnten alle Probleme gelöst werden, auch wenn es manchmal etwas länger gedauert hat. Aber ich weiß auch, dass zumindest die Geschichte mit der Wohnung auf normalem Wege nie hätte geklärt werden können. Die Millerbrüder werden ihren Weg gehen, und vielleicht werden sie sich später daran erinnern, wie schwierig ihr Start ins neue Leben war, dass sie jedoch auch all diese Barrieren überwunden haben. Die Jungs haben sich später sehr gut entwickelt. Sie wollten im Anschluss an ihren Integrationskurs ein Studium in Deutschland aufnehmen und waren sprachlich schon auf einem sehr hohen Niveau, als ich sie das letzte Mal traf.

# Viktoria wird Mama

Ein anderer Fall, bei dem ich auch vollkommen auf die Gnade des Herrn angewiesen war, ereignete sich im April 2015. Eine Mitarbeiterin der AWO- Schwangerschaftsberatungsstelle stellte uns eine junge, hochschwangere Frau aus Kenia vor, die enorm viele Probleme mit sich herumschleppte. Da ich mich zu dem Zeitpunkt mit einer kräftigen Erkältung herumplagte, gab ich den Sachbestand an meinen Kollegen weiter. Er und später auch die Praktikantin der anderen Beratungsstelle setzten alle Hebel in Bewegung, um den Aufenthaltsstatus und damit die für Viktoria zuständige Behörde für den Leistungsbezug und die Krankenversicherung zu klären. Dies war jedoch eine sehr schwer zu bewältigende Aufgabe, weil die junge Frau nur lückenhafte und vielleicht sogar unwahre Angaben über sich selbst machte. Sie war nach ihrer Flucht aus Kenia in Griechenland registriert worden und hat jetzt einen gültigen Aufenthaltstitel für dieses Land. Aber über Bekannte lernte sie einen mittellosen, deutschen Mann kennen, den sie in Griechenland heiratete. Er versprach ihr ein schönes Leben in Deutschland, und deshalb zog sie mit ihm zusammen nach Magdeburg. Einige Monate später trennten sich die beiden jedoch und zu allem Unheil wurde die junge Frau nun auch noch von einem anderen Mann, dessen Namen sie nicht nennen wollte, schwanger. Nun musste die Ausländerbehörde klären, welchen Aufenthaltsstatus Viktoria eigentlich hat. Würde sie eine Duldung bekommen, weil sie wegen ihrer Schwangerschaft das Land nicht verlassen kann, dann würde sie völlig andere Mittel bekommen, als wenn sie sich als in Trennung lebende Ehefrau eines Deutschen und mit einem griechischen Aufenthaltstitel in Magdeburg aufhält. Keiner fühlte sich verpflichtet und befugt, eine Entscheidung zu treffen. Viele Mitarbeiter waren zu der Zeit auch noch im Urlaub, so dass es für meine Kollegen unmöglich war, eine endgültige Entscheidung von der Ausländerbehörde zu erhalten.

Viktoria durfte zum Glück so lange bei einer Freundin, die auch aus Kenia stammte, wohnen, bis das Kind zur Welt kommen sollte. Mir wurde erzählt, dass diese Freundin Mitglied in einer christlichen Gemeinde sei. Sie hätte sofort den Wunsch verspürt zu helfen, obwohl sie selbst drei Kinder habe. Ihr Ehemann sei über die zusätzliche Belastung jedoch nicht begeistert gewesen. Der Ball wurde also immer wieder hin- und hergeschoben, von der Ausländerbehörde zum Jobcenter und zum Sozialamt. Keiner fühlte sich wirklich zuständig und wollte eine endgültige Entscheidung treffen, da solch eine Situation immer wieder entstehen kann und demzufolge hier auch ein Präzedenzfall geschaffen wurde, der Auswirkungen für die anderen Frauen mit einer ähnlich gelagerten Problemlage in der Zukunft hat. Ich hatte mir wochenlang angehört, dass sich nichts bewegte und alle auf der Stelle stehen blieben. Mittlerweile wurde die junge Frau immer runder, weil der Geburtstermin schnell näher rückte. Also erklärte ich mich Ende April bereit, mich um diesen Fall zu kümmern. Ich wusste, dass mir der Heilige Geist Türen öffnen würde, die für all die anderen verschlossen blieben. Ich verabredete mich an einem Dienstag gleich früh 8.00 Uhr mit Viktoria vor der Ausländerbehörde. Zum Glück öffnete das Amt erst eine Stunde später, so dass ich umdisponieren und eine neue Strategie entwickeln musste. Hätte die Ausländerbehörde tatsächlich zu der Zeit die Tore geöffnet, als wir dort ankamen, dann hätte ich an dem Tag absolut nichts erreichen können, weil ich mich in die Schlange der Wartenden einreihen hätte müssen, aber der zuständige Mitarbeiter am Ende nicht bekannt gewesen wäre. Sie hätten uns ohne befriedigendes Ergebnis wieder weggeschickt. Ich fuhr jedoch mit Viktoria zum Sozialamt, weil ich von der betreffenden Mitarbeiterin erfahren wollte, welche Probleme aufgetreten seien. Diese Behörde öffnete auch erst um 9.00 Uhr ihre Tore, so dass wir uns in die Warteschlange einreihten.

Ich betete zum Heiligen Geist, dass er uns doch bitte eine Lösung schicken solle. In dem Moment betrat eine Mitarbeiterin des Sozialamtes, die ich durch andere Betreuungsfälle schon sehr gut kannte, das Haus. Sie erkannte mich sofort und brachte mich zu ihrer Vorgesetzten. Zu ihr habe ich auch ein sehr gutes und fast freundschaftliches Verhältnis. Diese Beziehungen sind für Leute, die in meinem Beruf arbeiten, Gold wert. Sie rief für mich in der Ausländerbehörde an, um dort nachzufragen, wer für Viktorias Geschichte zuständig wäre. Selbst sie wurde auf mehrere Mitarbeiter verwiesen, bis am Ende feststand, wer diesen Fall übernehmen muss. Sie teilte dem Mann mit, dass ich mit der jungen Frau jetzt sofort zur Ausländerbehörde kommen würde, damit endlich die Entscheidung für oder gegen einen Aufenthaltstitel gefunden werden konnte, auf die alle Beteiligten schon seit Wochen warteten. Wenn ich keinen so guten Draht zu dieser Mitarbeiterin des Sozialamtes gehabt hätte, dann wäre der direkte Kontakt zur Ausländerbehörde gar nicht zustande gekommen. Wir fuhren also wieder zurück. Im Flur hielten sich sehr viele Leute auf, aber ich klopfte trotzdem an der Tür des Mitarbeiters, weil ich noch andere Termine an diesem Tag hatte. Er teilte mir mit, dass er sich noch nicht ausführlich mit dem Fall beschäftigt hätte und sich noch belesen müsse. Der Mitarbeiter bat uns, zwei Tage später wieder bei ihm vorzusprechen, weil er dann ein Resultat vorlegen könne. Natürlich kann man jetzt sagen, dass andere, nicht christliche Migrationsberater die Situation genauso gut hätten klären können, was absolut kein Beweis dafür wäre, dass der Heilige Geist ins Geschehen eingegriffen habe. Und genau darin liegt der Unterschied zwischen Glauben und auf Glück hoffen. Ein Gläubiger spürt, wann er aktive Hilfe bekommt, während die anderen sich lediglich darüber freuen, wenn mehrere glückliche Zufälle zur gleichen Zeit eingetroffen sind. Aber erstens ist es nicht selbstverständlich, dass die betreffenden Mitarbeiter alle zu der Zeit im Büro sind, wenn ich ohne Termin und Voranmeldung dort aufschlage. Und zweitens geht auch nicht jeder gleich ans Telefon, wenn das Amt wegen vieler Urlaubsfälle unterbesetzt ist, auch wenn er von einem anderen Büro der Stadtverwaltung einen Anruf bekommt. Interessant ist ebenso die Tatsache, dass so viele Leute sich an dem Fall versucht hatten und kein Ergebnis erzielen konnten. Der Heilige Geist entscheidet, wann ein Problem gelöst wird, das müssen wir nun schon akzeptieren. Zwei Tage später erschien ich wie verabredet morgens 9.00 Uhr mit der jungen Frau in der Ausländerbehörde. Dort wurde meiner Klientin mitgeteilt, dass ihr Mann für ihren Unterhalt aufkommen müsse, da er sie nur heiraten durfte, wenn er sie versorgen kann. Bis zu diesem Zeitpunkt wusste jedoch niemand so richtig, wovon dieser Mann eigentlich lebt und wie hoch sein Einkommen ist. Er hatte es sogar versäumt, seine Frau in Magdeburg polizeilich anzumelden. Sie hielt sich also viele Monate illegal hier auf. Zum Glück wurde sie nie von der Polizei kontrolliert.

Zumindest dieses Problem konnte ich an dem Tag mit ihr klären und ihr eine Meldebescheinigung ausstellen lassen. Mit diesem Nachweis konnte sie sich später sowohl bei der Krankenkasse als auch bei der Bank anmelden. Im Mai 2015 legte ihr Ehemann alle Dokumente offen, nachdem er zu einem Gespräch in die Ausländerbehörde eingeladen worden war. Aber auch das Schreiben des Rechtsanwalts, in welchem er dazu aufgefordert wurde, Auskünfte über sein Einkommen und die Krankenkasse seiner Ehefrau zu erteilen, trug Früchte. Viktoria bekam nun alles, was sie brauchte. Sie konnte sich bei der Krankenkasse, im Jobcenter und in der Bank anmelden. Dass ihr das Jobcenter sofort Geld für das zu erwartende Kind zahlte, grenzt fast an ein Wunder. Normalerweise werden solche

Anträge bei weitem nicht so schnell bearbeitet. Sie bekam sehr schnell ein Wohnungsangebot und auch die Bewilligung für sich selbst, weil der Ehemann von einer viel zu kleinen Rente lebt, mit der er nicht in der Lage ist, seine Frau zu versorgen. Ungefähr zur gleichen Zeit wurden bei uns im Büro ein Kinder- und ein Stubenwagen abgegeben, so dass Viktoria erst einmal versorgt war. Mich verwundert das Ganze schon ein bisschen, weil der Mitarbeiter der Ausländerbehörde eindeutig zum Ausdruck gebracht hatte, dass sie keinerlei Anspruch auf finanzielle Unterstützung durch den deutschen Staat hätte. Ich denke, dass Gott sich für die junge Frau und das neue Leben entschieden und deshalb die eindeutigen Gesetze hier verändert hat. Anders kann ich mir das Ganze nicht erklären. Ich habe nämlich noch nie von einem Fall gehört, in dem jemand Geld bekam, das ihm laut Gesetz gar nicht zustand. Dass der Ehemann von Viktoria von Anfang an falsche Angaben gemacht und sein wahres Einkommen nicht angegeben hat, steht auf einem anderen Blatt. Er wird sich dafür sicher eines Tages noch verantworten müssen. Am 12.05.2015 ist der kleine Abraham geboren. Er ist ein strammer, gesunder Junge, der seiner Mutter hoffentlich nur Glück bringen wird. Viktoria braucht auch Kontakt zu anderen Menschen. Deshalb habe ich sie eingeladen, die Gemeinde zu besuchen, wenn das Kind etwas älter ist. Ich werde mich davor hüten, eine Bewertung über Viktoria abzugeben, weil mir das nicht zusteht und Gott am Ende sowieso über alle richtet. Wenn sie also bewusst falsche Angaben gemacht hat, um in Deutschland leben zu können, dann werden wir dies vielleicht nie erfahren. Aber wir kennen auch nicht das Schicksal dieser jungen Frau. Und für das Kind ist es zumindest sehr gut, dass es in Deutschland aufwächst.


## Orlando wird operiert

Orlando habe ich das erste Mal im Dezember 2013 getroffen. Er war erst seit kurzem in unserem Land und hatte absolut keine Orientierung. Der junge Mann kam in mein Büro, weil sein rechter Fuß so sehr verletzt war, dass er damit nicht auftreten konnte. Orlando brauchte deshalb dringend eine Operation. Unser gemeinsames größtes Problem lag darin, dass er die deutsche Sprache so gut wie nicht verstand, aber auch nicht die allergrößten Anstrengungen unternahm, sie zu lernen. In seinem Herkunftsland Guinea Bissau wird Portugiesisch gesprochen. Als mich die Mitarbeiterin vom Sozialamt am Telefon fragte, ob ich ihm nicht helfen könne, erwiderte ich, dass ich seine Sprache ja auch nicht beherrsche. Aber ich wollte ihn nicht im Stich lassen, weil ich damals schon eine Vorahnung davon hatte, dass er meine Hilfe sehr brauchen würde. Also ging ich mit ihm zum Arzt, obwohl ich nicht sehr hilfreich sein konnte und wir alle dieses Sprachproblem hatten. Von Mitstreitern des Netzwerkes für Migration in Magdeburg hatte ich die Information erhalten, dass ein Mann aus Angola gern unentgeltlich bei kleineren Übersetzungsdiensten behilflich ist. Mit diesem Mann setzte ich mich einige Tage vor dem ersten Arztbesuch in Verbindung. Er war gern bereit, in Not geratenen Mitmenschen auch ohne Gegenleistung zu helfen. Aber zu dem Zeitpunkt wussten wir alle noch nicht, welche Odyssee vor uns lag. Wenn ein Flüchtling einen Arzt aufsuchen möchte, muss er sich vorher einen Behandlungsschein vom Sozialamt besorgen, weil diese Leute nicht direkt über die staatlichen Krankenkassen versichert sind. Die Arztkosten begleicht das Sozialamt beim behandelnden Arzt. Wir mussten jedes Mal, wenn ein neuer Arztbesuch anstand, zuerst ans andere Ende der Stadt zum Sozialamt fahren, um diesen Behandlungsschein zu besorgen. Die Allgemeinärztin, die Orlando als Erste in Augenschein nahm, sagte, der Fuß wäre bereits so steif, dass man nichts mehr machen könne. Er müsse halt mit den Schmerzen leben.

Aber sie gab ihm auch einen Überweisungsschein zum Chirurgen, damit Orlando sich zusätzlich noch von einem Fachmann begutachten lassen konnte. Zwischenzeitlich hatte ich mir die Handynummer des Dolmetschers besorgt und mir den Hergang des Unfalls beschreiben lassen. Orlando hatte sich im August 2013 beim Fußballspielen einen Knochen an der Ferse gebrochen. Da dieser Bruch in Afrika nicht behandelt wurde, sind die Knochen falsch zusammengewachsen. Beim Auftreten hatte er immer Schmerzen, so dass er sich natürlich stets falsch bewegte. Als Resultat versteifte das Gelenk fast vollständig. Da wir den Dolmetscher nicht ständig ohne Entlohnung in Beschlag nehmen konnten, ließ ich ihm vom behandelnden Arzt die Diagnose über das Handy mitteilen und er übersetzte es dann per Handy für Orlando. Der Chirurg konnte auch nur noch feststellen, dass er zu spät kam und die Knochen bereits verwachsen waren. Damit war für ihn der Fall eigentlich erledigt. Aber er gab dem Jungen noch den Rat, sich zusätzlich Informationen in der Universitätsklinik einzuholen, weil sie dort noch fortschrittlichere Behandlungsmethoden hätten. Das Sozialamt bezahlt natürlich eine derart große und umfangreiche Operation nur dann, wenn es absolut notwendig ist und alle preiswerteren

Behandlungsmethoden keinen Erfolg versprechen. Aber davor muss der Amtsarzt Orlando begutachten und bestätigen, dass es unumgänglich ist, den Fuß zu operieren. Auf den Termin beim Amtsarzt wartete der junge Mann ungefähr drei Monate. In dieser Zeit humpelte er unter Schmerzen durch die Gegend, was für einen Mann Anfang 20, der es gewohnt war, Sport zu treiben, natürlich sehr schwierig ist. Eines Tages passierte etwas Erstaunliches. Obwohl ich mich nicht mit Orlando unterhalten konnte, funktionierte die Verständigung trotzdem. Als wir wieder einmal mit dem Auto unterwegs waren, fragte ich ihn, ob er an Jesus glaube. Ich weiß bis heute nicht, wie das passieren konnte, weil die meisten unserer Betreuten Muslime sind. Ich würde diese Frage sonst nicht stellen, weshalb ich glaube, dass mich Gott in diesem Moment geführt hat.

Orlando teilte mir mit, dass er evangelischer Christ sei, worauf ich ihn sonntags zum Gottesdienst in die Gemeinde mitnahm. Meine Tochter ging zu der Zeit jede Woche zum Konfirmandenunterricht im CVJM, dem christlichen Verein junger Menschen. Dort teilte mir ein junger Mitarbeiter mit, dass es in diesem Haus viele verschiedene Jugendgruppen gibt. In einer Gruppe treffen sich jede Woche Studenten, von denen ein junger Mann sogar aus Brasilien kam, wo auch Portugiesisch gesprochen wird. Ich dachte sofort an Orlando und dass ich ihn in diese Gruppe bringen müsse, damit er unter Gleichaltrigen schneller Deutsch lernt und Kontakt zu den Einheimischen bekommt. Ich begleitete ihn einmal zu einem Treffen. Orlando teilte mir danach sofort mit, dass diese Menschen völlig anders wären als die, die er täglich in der Stadt treffen würde. Das ist nicht verwunderlich, denn sie waren alle freundlich zu ihm. Bereits bei diesem Treffen konnte er feststellen, dass es gut ist, christliche Freunde zu haben. Orlando wurde auch in der Gemeinde sehr gut angenommen, und die Leute begegneten ihm alle höflich. Er ging jedoch nur dann in die Kirche, wenn ich auch anwesend war. Das ist der Grund dafür, dass er später wochenlang nicht mehr zum Gottesdienst ging und schließlich letztendlich ganz wegblieb. Orlando musste noch selbständiger und selbstsicherer werden, weil ich mich nicht rund um die Uhr um ihn kümmern konnte. Aber genau dazu war er nicht in der Lage. Es ist jedoch ein großes Wunder, wie Gott ihn bewahrt und aus der Masse der Flüchtlinge herausgepickt hat. Ich denke, die enorm große Hilfe und Liebe, die ihm angeboten und entgegengebracht wurde, hat er sich selbst zu verdanken. Er betet täglich zum Herrn, und Gebete werden nun mal erhört. Nach vielen Wochen des Wartens und der Ungewissheit kam endlich der große Tag, und Ende März 2014 durfte

Orlando sich endlich in der Universitätsklinik beraten lassen. Dort teilte man ihm mit, dass sie höchstens durch Nägel sein Gelenk versteifen könnten. Er könne den Fuß dann zwar nicht mehr in alle Richtungen bewegen, aber die Schmerzen würden wahrscheinlich verschwinden. Diese Diagnose stand im Gegensatz zu dem, was die beiden Ärzte zuvor gesagt hatten. Anfang April 2014 war es endlich soweit und Orlando konnte operiert werden. Bisher war alles glatt gelaufen, aber nun entstand ein ernsthaftes Problem. Bei der Besprechung in der Klinik forderte der Arzt mich auf, zur Vorbereitung auf die Operation mit einem Dolmetscher zu kommen, da dort wichtige Informationen gegeben wurden, die unbedingt übersetzt werden mussten. Leider wusste ich damals noch nicht, dass das Krankenhaus verpflichtet ist, einen Dolmetscher zu stellen, wenn der Patient die deutsche Sprache nicht beherrscht. Das hätte uns viel Aufregung erspart.

Der Dolmetscher hatte an dem Tag, an dem ich ihn anrief und um Hilfe bat, noch keinen Termin in seinem Kalender und sagte seine Hilfe zu. Als ich ihn kurz vor dem Tag der Vorbereitung auf die Operation noch einmal anrief, um ihn an den Termin zu erinnern, teilte er mir plötzlich mit, dass er nun doch nicht helfen könne. Zu seiner Verteidigung muss ich sagen, dass dieser Mann auf Honorarbasis arbeitet und es sich deshalb nicht leisten kann, ein Arbeitsangebot abzulehnen. Er muss als alleinerziehender Vater auch noch seine Tochter versorgen. Aber ich hatte auf einmal keinen Dolmetscher mehr und wusste nicht, was ich machen sollte. Geld stand mir nicht zur Verfügung, so dass ich keinen anderen Übersetzer anheuern konnte. Als ich dem Mann aus Angola sagte, dass dies furchtbar wäre, weil ich es den Ärzten versprochen hatte, mit einem Dolmetscher zu kommen, überlegte er es sich anders. Er rief mich später noch einmal an, um mir mitzuteilen, dass er zwar kommen würde aber nur zwei Stunden zur Verfügung hätte. Zu dem Zeitpunkt dachte ich wirklich noch, dass diese Zeit ausreichen würde. Wir saßen also am nächsten Tag im Vorbereitungsbereich und warteten darauf, dass die Ärzte mit Orlando sprachen. Ich hatte dem Übersetzer schon am Tag zuvor versprochen, dass ich ihm für seine uneigennützige Hilfe 50,00 Euro von meinem eigenen Geld geben würde. Der Grund dafür ist der, dass ich den Wert des Geldes nicht so sehe, wie die meisten es tun. Für mich ist jeder Euro nur von Gott geliehen, damit wir aus seinen Gaben das Beste zu seinen Ehren machen. Genauso ist es in diesem Fall auch gewesen, denn wie wir sehen werden, hatte diese Geste Einfluss auf das spätere Handeln des Dolmetschers. Die Zeit verging rasend schnell. Mir wurde schlagartig klar, dass ein richtig großes Problem entstünde, wenn uns der Übersetzer verlassen würde, weil er keine Zeit mehr hätte. Ich betete zu Gott, dass er uns helfen möge, weil ich wusste, dass es Wochen dauern würde, bis Orlando wieder einen neuen Termin für eine Operation bekäme. Der Dolmetscher wurde von Minute zu Minute unruhiger, und ich mit ihm. Plötzlich sagte er den einen, alles entscheidenden Satz: „Ich habe mich dazu entschlossen, meine Termine nicht wahrzunehmen, weil ich erkannt habe, dass dies hier wichtiger ist. Es geht schließlich um ein Menschenleben." Ich war so überwältigt und dankbar, dass ich es anfangs gar nicht fassen konnte. Wir harrten aus, und am Ende waren wir fünf Stunden in der Klinik. Nachdem die Warterei endlich ein Ende hatte, sagte der Dolmetscher folgendes: „Ich fühle mich jetzt richtig glücklich, weil ich ein gutes Werk getan habe." Wie konnte das sein, da ihm durch diese Aktion Geld verlorengegangen war, das er zum Leben brauchte? So etwas würden die meisten Menschen nicht sagen oder tun. Ich habe schon von mehreren Leuten die Meinung vernommen, dass dieser Mann dumm wäre, weil auch er ohne Geld nicht leben könnte. Heutzutage könne es sich niemand mehr leisten, in einer solchen Situation unentgeltlich zu helfen.

Nach diesem langen Vormittag in der Universitätsklinik fuhr ich den Übersetzer mit dem Auto in eine andere Stadt, wo sein zweites Jobangebot mittlerweile auch schon auf ihn wartete. Natürlich fühlte ich mich dazu verpflichtet, weil er uns so viel geholfen hatte. Während der Fahrt sagte ich zu ihm. „Wissen Sie, woran man einen Christen erkennt? Daran, dass er Dinge tut, die andere niemals machen würden. Sehr viele Menschen würden sich einen Verdienst nicht entgehen lassen, nur um jemandem, den sie noch nicht einmal persönlich kennen, ihre Hilfe anzubieten." Daraufhin sagte er, dass er an Gott glaube, auch wenn er schon lange keine Kirche mehr besucht hätte. Aber er denkt, dass der Schöpfer seine guten Taten sieht und ihn deshalb auch nicht vergessen wird. Für den Anfang ist das keine schlechte Einstellung, die ja auch zu einer späteren Bekehrung und Errettung führen kann. Der Übersetzer teilte mir noch mit, dass er sich in seiner Entscheidung durch mein Handeln leiten ließ. Ihm ist bewusst geworden, wie viel Zeit ich bisher investiert hätte, um Orlando zu helfen und dass ich ihm, dem Dolmetscher, auch noch Geld gegeben hätte. Auf meinen Einwand, dass dies doch mein Job sei, erwiderte er, dass man seine Arbeit so oder so machen kann. Er würde keinen Sozialarbeiter kennen, der sich so sehr für seine Klienten einsetzt. So ein Gutmensch war ich früher bei weitem nicht. Da wäre es mir vielleicht sogar egal gewesen, wenn mit der Vorbereitung auf die Operation alles den Bach hinunter gegangen wäre und Orlando noch länger hätte warten müssen. Ich hätte das unter dem Motto „höhere Mächte, auf die wir keinen Einfluss haben" abgetan. Heute fühle und denke ich wie gesagt völlig anders. Bei meinem ersten Krankenhausbesuch nahm ich meine Bekannte Walli, die ich von der Hausaufgabenhilfe in der Gemeinde kannte, mit. Die alte Dame hat keine Familie und war deshalb froh, dass sich jemand mit ihr beschäftigte. Ihr wurde außerdem das Gefühl gegeben, wichtig zu sein und gebraucht zu werden. Orlando gab seiner Freude Ausdruck, indem er uns Oma und Mama nannte. Selbst der behandelnde Arzt fand es eigenartig, dass ein Afrikaner von seiner deutschen Mama erzählte. Mich freute es damals schon, weil es zeigt, dass er Vertrauen zu mir hatte. Er wurde an einem Dienstag aus dem Krankenhaus entlassen. Wie sich herausstellte, war das genau der richtige Tag, weil die Behörden und Arztpraxen länger geöffnet hatten. So konnten wir den nötigen Behandlungsschein für den Allgemeinarzt im Sozialamt besorgen und ihn auch noch in der Praxis anmelden.

Interessant war, dass ich an seinem Entlassungstag Urlaub hatte. Als die alte Dame, von der ich später noch ausführlicher berichte, und ich Orlando im Krankenhaus besuchen wollten, teilte man uns dort mit, dass er bereits entlassen worden sei. Ich überlegte, was ich nun tun sollte. Mein erster Impuls war der, wieder nach Hause zu fahren. Aber dann spürte ich, dass er meine Hilfe brauchte. Und genauso war es auch. Es waren so viele Wege zu erledigen, die wir nach und nach abarbeiteten. Zum Abschluss lud ich ihn und Waltraud noch zu Kaffee und Eis in ein kleines Lokal ein. Der Kellner wunderte sich schon sehr, als unser Dreiergespann die Dorfkneipe betrat. Sowohl für Orlando als auch für Waltraud war das Zusammensein wichtig. Zum Abschluss des Tages kaufte ich auf meine Kosten noch Lebensmittel für den jungen Mann ein, weil er im Wohnheim natürlich nichts mehr vorrätig hatte. Es folgten nach diesem Tag noch einige Besuche beim Arzt, im Sozialamt und bei der Physiotherapie, aber am 11.06.2014 erfuhr Orlando, dass die Behandlung nun abgeschlossen sei und er lernen müsse, seinen Fuß in Zukunft durch gezielte Übungen wieder in Schwung zu bringen. Heute kann er wieder tanzen und Rad fahren, was für mich die größte Freude ist, weil es zeigt, dass Beharrlichkeit doch oft zum Ziel führt. Nach anderthalb Jahren des Aufenthaltes in Deutschland bekam er die Nachricht, dass sein Asylantrag abgelehnt wurde. Da er sich meine Ratschläge nie zu Herzen genommen und nicht Deutsch gelernt hatte, wurde die Situation für ihn sehr schwer. Die Angehörigen seiner Familie warteten jeden Monat darauf, dass er Geld in die Heimat schickte, das eigentlich für seinen eigenen Lebensunterhalt bestimmt war. Das ist eine gängige Praxis vor allem von Flüchtlingen, die aus Afrika kommen. Unsere Regierung weiß, dass diese Leute die Hilfe zum Lebensunterhalt nicht nur für sich selbst nutzen, sondern einen großen Anteil nach Hause schicken. Sie dulden diese Situation jedoch, da damit die Familienangehörigen in Afrika indirekt unterstützt werden. Die Kindersterblichkeit ist zurückgegangen, was ein positives Ergebnis dieser Politik ist. Andererseits werden die Familienmitglieder von Europa abhängig und bestellen ihre Felder nicht mehr. Dadurch verödet das Land, und ein normales Leben ist in diesen Ländern nicht mehr möglich. Ich frage mich wirklich, ob das eine gute Sache ist. Es wäre besser, wenn die Industriestaaten und vor allem die Finanzmogule die Menschen vor Ort unterstützen würden, indem sie eine funktionierende Infrastruktur und Betriebe aufbauen und ihnen dort eine Arbeit und damit Verdienstmöglichkeiten beschaffen würden. Aber dass dies zum größten Teil nicht funktioniert, daran ist die Weltpolitik schuld, die wir nie richtig verstehen werden. Leider haben viele Flüchtlinge aus Afrika nur wenige Jahre eine Schule besucht und können deshalb die Anforderungen einer Berufsausbildung nicht erfüllen. Orlando war in seinem Land in einer Schule und hätte es theoretisch schaffen können. Aber er war zu labil, weswegen er die helfenden Hände, die ihm nicht nur einmal gereicht wurden, nicht ergriff. Er hätte bei der AWO Deutsch lernen und in der evangelischen Gemeinde Freunde finden können. Ich konnte ihm seine Möglichkeiten zeigen, aber die Initiative musste er letzten Endes selbst ergreifen. Wenn er nach Guinea Bissau zurückgeht, dann kann er wenigstens dort seine Arbeitskraft voll einsetzen, weil er jetzt wieder gesund ist. Deshalb war es richtig, dass er diese Operation in Deutschland bekommen hat. Ein Landsmann aus Guinea Bissau teilte mir Monate später mit, dass Orlando nach Portugal gegangen ist, weil seine Familie sich jetzt dort aufhält und er hier nicht zurechtkam. Trotz seines unflexiblen und unreifen Verhaltens hat Orlando etwas, was ihm Erfolg gebracht hat, sein Glaube an Gott. Er hat als Christ niemals daran gezweifelt, dass Gott ihm helfen wird. Dieses Gottvertrauen hat ihm die Rettung gebracht.

# Maria, eine selbstbewusste, junge Frau

Maria kam aus Syrien und lebt in einer traditionellen Familie, in der die Frau immer noch eine geringere gesellschaftliche Stellung besitzt als der Mann. Aber immerhin brauchte sie ihren Kopf nicht zu bedecken und durfte sich bis 19.00 Uhr frei in der Stadt ohne männliche Begleitung und Aufsicht bewegen. Sie war 2014 zwei Jahre in Deutschland und sprach sehr gut Deutsch. Nach dem Berufsvorbereitungsjahr erhielt sie am Schuljahresende im Juli 2014 den Hauptschulabschluss. Mir ist sofort aufgefallen, dass dieses Mädchen sehr aktiv war und sich selbst um ihre Belange kümmerte. Sie hatte ein Ziel vor Augen und dafür nahm sie so manche Schwierigkeit gern in Kauf. Maria ließ sich wahrscheinlich von allen Beratungsstellen, die es in unserer Stadt gibt, beraten, weil sie auf jeden Fall im Sommer 2014 eine Ausbildung zur Fachärztlichen Assistentin beginnen wollte. Sie hat sich sogar selbst eine Arztpraxis gesucht, in der sie im Vorfeld ein Praktikum machen durfte.

Im Gegensatz zu ihr ist ihr Zwillingsbruder durch seine Erziehung sehr negativ geprägt. Er sprach sogar bis zum Juni 2014 nicht mit mir, weil ich ihn einmal wegen seines ungebührlichen Verhaltens gegenüber anderen Jugendlichen zurechtgewiesen hatte. Das passte absolut nicht zu seinem Weltbild, da Frauen seiner Meinung nach keine Vorschriften machen dürfen und immer auf die Hilfe der Männer angewiesen sind. Gottes Wege sind jedoch unergründlich und deshalb kam er Monate später wieder in mein Büro, weil er Hilfe brauchte. Vor meiner Bekehrung hätte ich diesen jungen Mann weggeschickt, weil er sehr anmaßend und fordernd war. Er schimpfte über jeden. Solche Menschen waren mir immer sehr unangenehm, weil ich ehrlich gesagt bis heute nicht verstehe, warum ein Mensch, der aus seinem Land flüchten musste, sich nun, wo er in Sicherheit ist, nur über alles beschwert. Ich wundere mich selbst über die Ruhe, die ich während des Gesprächs bewahren konnte. Im Grunde genommen war er ja auch nur ein armes Würstchen, das in den starren Systemen seines Familienclans gefangen ist. Der Junge wollte seine Schwester immer bevormunden und kann es wahrscheinlich bis zum heutigen Tag nicht verstehen, dass sie erfolgreicher war als er. Viele Monate später führte ich mit seinem Bruder Hafez ein sehr aufschlussreiches Gespräch, in welchem er mir mitteilte, dass dieser Junge vor Jahren mehrere Monate im Koma gelegen hatte. Niemand hätte damals daran geglaubt, dass er wieder aufwachen würde. Aber seitdem hat er diesen schwierigen Charakter. Sie würden sehr ungern über diese Sache sprechen, weil es ihnen unangenehm wäre. Für mich war die Erkenntnis jedoch sehr wichtig, weil ich nun endlich verstehen konnte, dass der Junge nichts gegen mich als Person, sondern allgemein große Probleme hatte. Wie er jemals in unserer Gesellschaft zurechtkommen kann, weiß ich allerdings auch nicht. Niemand wird Verständnis dafür haben, dass er solch ein störrisches Verhalten an den Tag legt.

Ich hatte Maria immer den Tipp gegeben, sich von niemandem beeinflussen zu lassen und ihren eigenen Weg zu gehen. Sie teilte mir mit, warum es so furchtbar wichtig für sie wäre, dass sie einen Ausbildungsplatz bekäme. Wenn sie nicht damit begonnen hätte, einen Beruf zu erlernen, dann wäre sie von ihrem Vater verheiratet worden. Es ist in solchen Familien nicht üblich, dass Mädchen im Alter von 18 Jahren noch bei den Eltern leben. Entweder gehen sie arbeiten, was wahrscheinlich auch nur in europäischen Ländern geduldet wird, oder sie werden eben verheiratet. Meine Frage, ob sie den Mann, den sie heiraten sollte, wenigstens kennen würde, verneinte sie. Maria war zwar eine ganz fortschrittliche junge Frau, aber sie war auch in ihrer eigenen Kultur und Religion gefangen. Natürlich wollte sie den Kontakt zu ihrer Familie nicht abbrechen, auch wenn sie dieses Leben so nicht mochte. Da sie mit ihrer Familie vom Irak nach Deutschland geflüchtet war und der Asylantrag noch geprüft wurde, war es zu dem Zeitpunkt sehr unwahrscheinlich, dass sie einen Ausbildungsplatz bekommen würde. In der Zeit der Prüfung und im Fall der Ablehnung eines Asylantrages muss nämlich die Ausländerbehörde die Erlaubnis zur Aufnahme einer Berufsausbildung oder einer Erwerbstätigkeit erteilen. Und es hängt immer von dem einzelnen Mitarbeiter ab, ob er die Zustimmung gibt. Finanzielle Unterstützung oder eine Ausbildungsförderung vom Staat konnte sie damals auch nicht beantragen, weil sie keine Aufenthaltserlaubnis hatte.

Während des Schülerpraktikums hinterließ sie auf den Arzt jedoch einen so guten Eindruck, dass er sich spontan dazu entschloss, ihr einen Ausbildungsplatz anzubieten. Maria brauchte also unbedingt die Zustimmung der Ausländerbehörde für diese Berufsausbildung. Im Mai 2014 schickte ich deswegen ein Empfehlungsschreiben an die Ausländerbehörde, in welchem ich ausführlich begründete, warum ihr die Erlaubnis erteilt werden sollte. Von der Hochzeit habe ich natürlich nichts erwähnt, weil solche Dinge immer im Verborgenen ablaufen. Knapp zwei Wochen später kam die junge Frau in mein Büro und fragte mich, ob ich schon eine Antwort bekommen hätte. Sie war mittlerweile total verzweifelt und sagte, dass sie sich umbringen würde, wenn die Sache schiefginge. Daran kann man erkennen, wie furchtbar diese Situation für die Mädchen tatsächlich ist. Ich redete natürlich auf sie ein und sagte ihr, dass sie die Hoffnung nicht verlieren solle. Es gibt immer einen Ausweg, auch wenn man im Moment nicht daran glauben kann. Sie ging nach Hause, stand aber kurz danach mit einem Lächeln im Gesicht und der Erlaubnis in der Hand wieder vor mir. Im Sommer 2014 hatte sie dann ihre Ausbildung begonnen. Genau ein Jahr später zog sie nach Hamburg zu ihrem Verlobten, aber mir wurde versichert, dass sie dort ihre Ausbildung fortsetzen würde. Ich hoffe dies sehr stark für sie, weil sie sonst niemals unabhängig sein wird.

## Hafez darf eine Ausbildung machen

Im Mai des gleichen Jahres kam auch Marias großer Bruder Hafez zu mir. In Syrien hatte er bereits einige Jahre Ökonomie studiert und wollte sein Studium in Deutschland fortsetzen. Leider ist dies für Flüchtlinge, die sich noch im Asylverfahren befinden, nicht erlaubt, da sie von unserem Staat dafür keinerlei finanzielle Unterstützung bekommen. Er war total verzweifelt, weil er schon Monate untätig im Asylbewerberheim herumgesessen hatte. Hafez setzte seine letzte Hoffnung auf mich. Ich wollte diesen Jungen von Anfang an unterstützen, weil ich merkte, wie ernst er seine Situation nahm. Ihm war es immer wichtig, im Leben weiterzukommen. Er wollte nicht nur konsumieren, sondern auch etwas leisten. Ich dachte mir, dass er vielleicht wenigstens eine Berufsausbildung machen könne, wenn er schon nicht studieren durfte. Seine Deutschkenntnisse, die er sich selbst beigebracht hatte, reichten meiner Meinung nach sowieso nicht für ein Hochschulstudium. Er war mit allem einverstanden. Im Internet fand ich die Information, dass in einer Berufsschule unserer Stadt die Ausbildung zum Wirtschaftsassistenten angeboten wurde. Ich meldete den jungen Mann dort an, und sie nahmen ihn mit Freude auf, weil er bereits Vorkenntnisse besaß. Im August traf ich mich mit der Direktorin und einigen Mitarbeitern der Berufsschule, wo sie mir leider mitteilen mussten, dass sie diesen schulischen Berufslehrgang nun doch nicht anbieten könnten, weil sich zu wenige Teilnehmer gemeldet hätten. In der Zwischenzeit hatte Hafez aber die Erlaubnis der Ausländerbehörde für eine Berufsausbildung bekommen, obwohl er immer noch keine Aufenthaltserlaubnis hatte. Ich betete zu Gott, dass er eine Lösung für dieses Problem und vor allem für den Jungen finden möge. Während des Gespräches teilte ich der Direktorin mit, dass ich es schon sehr schwierig fände, dass eine andere private Schule genau dieselbe Ausbildung zum Wirtschaftsassistenten anbieten würde. Da die Schulen sich jedoch nicht untereinander austauschen und in der anderen Schule auch keine Klasse zustande kommen würde, würden mit einem Schlag zwanzig oder mehr junge Menschen auf der Straße stehen. Wochen später geschah ein Wunder. Die staatliche Berufsschule schickte alle Bewerber, die sich für die Ausbildung zum Wirtschaftsassistenten angemeldet hatten, zu der Privatschule. So etwas hat es vorher noch nie gegeben, aber mit Gottes Hilfe ist eben alles möglich. Hafez bekam 2015 seine Aufenthaltsgenehmigung und studiert nun Ökonomie.

## Elvis bekommt eine Chance

Genau ein Jahr später geschah folgendes. Elvis, ein junger Mann aus dem Kosovo, kam in mein Büro und erzählte mir eine seltsame Geschichte. Er ist in Magdeburg geboren, weil seine Eltern in den 90ern als Bürgerkriegsflüchtlinge nach Deutschland gekommen waren. Nachdem der Krieg zu Ende war, wurden sie wieder in ihre Heimat zurückgeschickt. Dort studierte er Kriminologie. Wenn er jedoch den Kriminalämtern seine Unterlagen zeigte und sie feststellten, dass er in Magdeburg geboren ist, bekam er nach dem Studium keine Arbeit. Die Leute werden in ihrem eigenen Land nicht als Flüchtlinge gesehen, sondern für Landesverräter gehalten, weil sie die Heimat in den schwierigsten Zeiten verlassen und nicht für die Freiheit im eigenen Land gekämpft haben. Elvis kann nichts für diese Situation, weil er viel später geboren ist und gar keinen Einfluss auf die Situation nehmen konnte. Seit Anfang 2015 war er nun wieder in Magdeburg und wollte auch nicht in den Kosovo zurück. Er wohnte in einem Einzelzimmer im Flüchtlingswohnheim. Die Wahrscheinlichkeit, dass sein Asylantrag genehmigt würde, war von Anfang an sehr gering. Eines Tages saß er niedergeschlagen und ziemlich deprimiert in seinem Zimmer, ohne Perspektive und ohne Zuversicht. Plötzlich hörte er, wie jemand einen Schlüssel in die Tür seines Zimmers steckte und diese aufschließen wollte. Erstaunt stellte der Hereinkommende fest, dass sich schon wieder ein neuer Bewohner in dem Zimmer befand. Es war kein anderer als Hafez, der noch ein paar Dinge aus seinem ehemaligen Domizil holen wollte, die er beim Auszug vergessen hatte. Die Männer kamen ins Gespräch, und Elvis schilderte ihm seine aussichtslose Lage. Daraufhin gab ihm Hafez den Tipp, dass er sich an mich wenden solle, weil ich ihm ja auch geholfen hatte. Elvis ist die ersten Jahre hier noch zur Schule gegangen und beherrscht deshalb perfekt die deutsche Sprache. Soweit die Vorgeschichte.

Zuerst besorgte ich Elvis eine Ausbildungsstelle in der gleichen Privat-schule, in der auch Hafez ein Jahr lang eine schulische Ausbildung absol-viert hatte. Der Direktor, den ich persönlich gut kenne, hatte ihn, und ein Jahr zuvor auch Hafez, gern genommen und finanzierte die Ausbildung aus einem europäischen Fond zur Förderung von Benachteiligten. Er konnte sehen, wie motiviert diese jungen Menschen waren. Sie würden auf gar keinen Fall ihre Ausbildung abbrechen, weil sie dann riskierten, in ihr Heimatland abgeschoben oder aus Deutschland ausgewiesen zu werden. Außerdem waren die jungen Männer sehr dankbar, weil wir ihnen eine Chance boten und eine helfende Hand reichten. Allerdings wollte die Ausländerbehörde die Erlaubnis für die Berufsausbildung nicht erteilen, weil Elvis sich einen Ausbildungsplatz suchen sollte, in welchem er genügend Ausbildungsvergütung bekommen würde, damit er auf staatliche Unterstützung nicht mehr angewiesen wäre. Letzten Endes fand er selbst einen Platz in einer Malerfirma. Elvis musste zwar noch einmal in den Kosovo ausreisen, damit er zum Zweck der Berufsausbildung wieder in Deutschland einreisen konnte, denn dadurch änderte sich ja sein Aufent-haltsgrund in Deutschland. Aber er war nun von staatlicher Hilfe unab-hängig und kann nach acht Jahren sogar die deutsche Staatsbürgerschaft beantragen, falls er das will. An diesem Beispiel kann man erkennen, dass Menschen, die sich wirklich in Not befinden, bereit sind, auch Berufe zu erlernen, die nicht ihrem höheren Bildungsniveau entsprechen. Vielleicht kann er ja später doch noch eine Ausbildung an der Polizeischule aufneh-men, wenn er die deutsche Staatsbürgerschaft besitzt. Dies war nämlich die Voraussetzung für die Aufnahme. Sie hätten ihn liebend gern genommen, weil es bis jetzt nur wenige ausländische Jugendliche gibt, die sich für den Beruf des Polizisten interessieren. Und die Sprachkenntnisse kommen diesen Leuten zugute. Bis dahin wird er lernen, dass die Arbeit als Maler auch Befriedigung verschafft und ihm vor allem Sicherheit gibt. Wieder ein paar Tage später kam ein junger Mann aus dem Irak in mein Büro, den eine Mitarbeiterin des Sozialamtes in mein Büro geschickt hatte. Auch er wurde mit seiner Familie vor ein paar Jahren wieder in seine Heimat zurückgeschickt, nachdem der Krieg dort beendet war. Er spricht sehr gut Deutsch und Englisch, weshalb er in seiner Heimat sofort einen Arbeitsplatz bei der Lufthansa bekommen hatte. Die Leute dort brauchen keine spezielle Berufsausbildung zu absolvieren. Es reicht, wenn sie mehrere Sprachen beherrschen. Der junge Mann hatte nun den Irak wieder verlassen, weil er geheiratet hatte und der Verdienst für die Familie nicht ausreichte. Auch er hatte einen Ausbildungsplatz in der genannten Schule bekommen, weil er motiviert war und perfekt Deutsch sprach. Ohne diese Perspektive würde vielleicht auch er mit seinem Kind und seiner Frau zusammen wieder ausgewiesen werden. Nun kann man sich darüber streiten, welchen Sinn es macht, wenn die jungen Menschen ihre Herkunftsländer verlassen, um in Deutschland zu leben, obwohl sie dort nicht verfolgt werden. Aber vielleicht ist es sinnvoller, die vorhandenen Kompetenzen zu nutzen.

Die jungen Menschen merken natürlich, dass es sich lohnt, für die eigenen Interessen zu kämpfen. Es sind zwar Gottes Wunder, die letztendlich Lösungen bringen, aber die Jugendlichen können erfahren, dass sie von Menschen umgeben sind, die es gut mit ihnen meinen und ihnen helfen. Die Veränderung von Einsichten geschieht sowieso immer sehr langsam. Ich setze meine Hoffnung darauf, dass auch all diese Menschen noch zu Gott finden werden. Sie sind durch ihre Kultur und Erziehung geprägt, da kann man nicht mit der Hammermethode kommen und belehrend auf sie einreden. Das hat höchstens ihre Ablehnung zur Folge. Dabei kann ich ihre Einstellungen zu Werten und Normen sogar teilweise verstehen. Maria findet es z.B. nicht gut, dass manche Jugendliche in unserem Land so völlig respektlos miteinander umgehen. Ich kann mir gut vorstellen, wie es in ihrer Berufsschule an so manchen Tagen zugegangen ist. Einigen jungen Leuten fehlt der freundliche Umgangston vollkommen. Und wenn sich manche Mädchen sehr freizügig bekleiden, ist das sicher auch nicht sehr förderlich, wenn man Respekt von den jungen Männern erwartet. Maria ist diesbezüglich sehr geschockt und würde deshalb nie eine Disco besuchen. Dass sie vor solch einem Verhalten Angst hat, kann ich gut nachvollziehen. Aber ich habe ihr auch klar gemacht, dass sich natürlich nicht alle Jugend-lichen rücksichtslos und egoistisch verhalten. Es gibt überall Menschen, die sich nicht an die gesellschaftlichen Normen halten wollen und sich ständig daneben benehmen. Andererseits hasst sie wie gesagt die Art und Weise, wie ihr Vater über sie bestimmt und sie im Grunde genommen wie sein Eigentum betrachtet. Er sagt, dass er sie vor diesen Jugendlichen be-schützen will, nimmt ihr dabei jedoch jede freie Entscheidung. An diesem

Beispiel kann man ganz gut erkennen, dass vor allem die Jugendlichen aus fremden Ländern oftmals zerrissen in ihrer Persönlichkeit sind, weil sie nicht wissen, wie sie ihr Leben führen sollen. Die jungen Männer aus den muslimischen Ländern sind auch nicht besser dran, weil sie dem Ehrenkodex der Familie verpflichtet sind. Sie können aus den Strukturen nicht ausbrechen, wenn sie nicht gleichzeitig ihre ganze Familie und auch ihren Freundes- und Bekanntenkreis verlieren wollen.

Ich habe schon sehr viel mit syrischen Jugendlichen gesprochen, die diese auferlegten Zwänge eben nicht gut finden. Sie wollen ihre Chance nutzen und etwas aus ihrem Leben machen. Manche schaffen es, sie machen eine Ausbildung und merken, wie sie dadurch in der deutschen Gesellschaft geachtet und akzeptiert werden. Und dann gibt es auch immer wieder Rückschläge. Jugendliche, die auf einem guten Weg waren, werden durch familiäre Umstände gezwungen, diesen zu verlassen. Ich war total geschockt, als ich erfuhr, dass ein junger Mann, den ich betreut hatte und der ebenfalls eine Berufsausbildung machen wollte, einen syrischen Familienvater erstochen hatte und dafür ins Jugendgefängnis musste. Bei solchen Messerstechereien geht es immer um die Ehre und meistens leider auch um illegale Geldgeschäfte. Der Jugendliche wohnte schon seit Jahren mit seiner Familie in unserem Land. Da fragt man sich doch, was in seiner Erziehung schiefgelaufen ist, dass so etwas Furchtbares passieren konnte. Ich glaube, das Schlimmste an allem ist, dass sich die Mütter in diesen Familien zu wenig um ihre vielen Kinder kümmern können und ihnen dadurch zu wenig Liebe geben. Da die meisten Ehen arrangiert werden, gibt es oft keine liebevolle Beziehung zwischen den Ehepartnern. Im Gegenteil, die Frauen müssen sich teilweise sogar ihren Mann noch mit mehreren Frauen teilen. Wenn ein Kind in solch einer Atmosphäre aufwächst, kennt es am Ende auch kaum Emotionen. Anders kann ich es mir nicht erklären, dass sich manche dieser Jugendlichen stundenlang von mir Vorträge darüber anhören, wie wichtig es ist, ein sinnerfülltes Leben zu führen. Endlich hört ihnen jemand zu und schenkt ihnen die ungeteilte Aufmerksamkeit, die sie verdienen. Viele Jugendliche aus muslimischen Familien kennen so etwas wie persönliche Gespräche gar nicht. Der junge Mann, der nun seine Strafe im Jugendgefängnis absitzen musste, war schon in der Schule sehr auffällig. Für mich ist jedoch absolut unbegreiflich, dass der Junge die Tat mit einer solchen Brutalität und Gefühllosigkeit ausgeführt hat. Im Gefängnis wurde er bestimmt nicht geläutert. Ich will nicht

sagen, dass alle Muslime so erzogen werden, aber ich habe schon beobach-
tet, dass vor allem den Jungs in der Kindheit oft einfach nur die Liebe der
Mutter fehlt. Es ist manchmal richtig bedrückend aber auch erfreulich, mit
wie viel Aufgeschlossenheit die jungen Männer mir begegnen, wenn wir
uns erst einmal besser kennen. Sie werden von ihren Vätern zu Männern
erzogen, die keinerlei Gefühl zeigen dürfen. Aber auch diese jungen Menschen empfinden Freude, Schmerz und Leid. Wo sollen sie denn mit diesen
Empfindungen hin? Ich habe großes Mitleid mit all denjenigen, die in ihrer
Religion oder Kultur gefangen sind und sich nicht frei entfalten können.

## Rosi will gerecht behandelt werden

Diese Geschichte bewegt mich ganz besonders, weil sie zeigt, dass Kinder
und Alte in Deutschland oft keine Lobby haben. Deshalb müssen wir uns
für diese Personen einsetzen. Bei besonders aussichtslosen Situationen
habe ich oft das Gefühl, dass mich Gott gerade dort fordern will. Im
November 2013 hörte ich Rosis leidvolle Geschichte das erste Mal. Meine
spontane Reaktion bestand darin, dass ich ihr sofort helfen wollte. Rosi ist
etwas älter als 80 Jahre. Ich kenne sie schon seit mehr als 20 Jahren, weil
sie die Bekannte von einem Verwandten ist. Wir haben uns in der Vergangenheit nicht regelmäßig getroffen, aber auf Familienfeiern sind wir uns
schon oft begegnet. Das Verhältnis zu ihren zwei Kindern kann nicht
besonders gut gewesen sein, weil sie in all den Jahren nie etwas von ihnen
erzählt hat. Anfang 2013 lebte Rosi noch allein in einer kleinen Wohnung.
Es ging ihr zu diesem Zeitpunkt nicht besonders gut. Sie war vor allem
wegen eines hohen Konsums an Tabletten und einer beginnenden Demenz
mental verwirrt. Daraufhin veranlassten ihre Kinder einen Krankenhaus-
aufenthalt. Durch die dort verschriebenen und verabreichten Medikamente
verbesserte sich ihre körperliche und geistige Verfassung zusehends. Sie
wäre meiner Meinung nach zum Zeitpunkt der Entlassung noch in der Lage
gewesen, mit der Unterstützung ihrer Kinder einen eigenen Haushalt zu
führen. Aber sie hatten keinerlei Interesse daran, ihrer Mutter zu helfen und
besorgten schon während des Aufenthaltes im Krankenhaus einen Platz in
einem Seniorenheim, so dass Rosi anschließend sofort dorthin gebracht
wurde. Die eigenen Kinder informierten ihre Mutter nicht darüber, dass sie
die gesetzliche Vertretung für sie übernehmen wollten und dass sie in
Zukunft in einem Heim leben solle. Sie brachten Rosi mit dem Auto in
dieses Seniorenheim, verschwanden ohne Abschied und ließen ihre eigene

Mutter wie jemanden zurück, den man nur flüchtig kennt und dessen Schicksal einem egal ist. Rosi wurde vor vollendete Tatsachen gestellt. Sie musste in einem Zweibettzimmer mit einer Frau wohnen, die das Bett nicht mehr verlassen konnte und nachts mehrmals die Pfleger rief. Ich versuche mir diese schreckliche Situation gefühlsmäßig gar nicht erst vorzustellen. Wie geht es jemandem, der diese Umstände in der eigenen Umgebung sehr gut wahrnehmen kann? Anfangs war Rosi in einer geschlossenen Abteilung für Demenzkranke untergebracht, was im Klartext bedeutet, dass sie in diesem kleinen Zimmer und dem angrenzenden Flur eingesperrt war. Das hat ihre Kinder damals nicht im Geringsten interessiert. Ich nehme mal an, dass ihnen das Wohlergehen der Mutter nicht wichtig war, weil sie sich die ersten Monate gar nicht blicken ließen und nicht anriefen. Zum Glück sorgte sich Rosis Freund um sie und besuchte sie damals regelmäßig, sonst wäre sie wahrscheinlich heute noch in dieser misslichen Lage. Ich hatte nie den Eindruck, dass die eigenen Kinder viel mehr für sie geplant hatten. Sie dachten, dass sie in diesem Heim sicher weggeschlossen wäre und es nie wieder verlassen könnte. Ein aufmerksamer Pfleger hat dann veranlasst, dass Rosi in ein anderes Zimmer umziehen konnte, weil sie in dieser Abteilung tatsächlich total fehl am Platze war.

Als ich aktiv wurde und erstmals einen Brief sowohl an das Amtsgericht als auch an das Sozialamt schickte, war sie schon zu einer anderen Frau verlegt worden, die zwar an Depressionen litt aber sich ansonsten kaum bemerkbar machte. Rosi hatte jetzt einen eigenen Fernseher, den sie aber nur dann einschalten konnte, wenn die Mitbewohnerin damit einverstanden war. Da die Frau immer früh ins Bett ging, war der Tag für Rosi kurz. Außerdem schmeckte Rosi das Essen von Anfang an nicht und sie litt natürlich darunter, dass sie so beengt leben musste. Mit anderen Worten, ihre Situation war immer noch unbefriedigend. Mit meinem Einschreiten wollte ich erreichen, dass die Mitarbeiter des Sozialamtes und des Gerichtes auf die gesetzlichen Vertreter Einfluss nehmen. Die Kinder sollten dafür sorgen, dass Rosi ein eigenes Zimmer bekommt und Einsicht in ihre Konten erhält. Das Erste klappte dann auf einmal erstaunlich schnell, aber danach passierte gar nichts mehr. Für die alte Frau war es unheimlich wichtig zu wissen, wie viel Geld sie besitzt. Das hört sich vielleicht seltsam an, aber als Flüchtlingskind hat sie nach dem Krieg gelernt, jeden Pfennig zu sparen, weil sie hart dafür arbeiten musste. Diese Grundhaltung hat Rosi ihr ganzes Leben beibehalten. Sie ist bis heute ein sehr sparsamer Mensch. Aus diesem Blickwinkel heraus betrachtet kann man verstehen, dass Rosi über ihr Eigentum selbst verfügen wollte. Ihre Kinder waren nur der Verwalter des Vermögens und deshalb durfte es ihnen eigentlich nicht schwerfallen, ihrer Mutter einmal im Monat die Sparbücher und Kontoauszüge vorzulegen. Und weil sie sich vehement weigerten, dies zu tun, war ich natürlich die ganze Zeit sehr skeptisch und vermutete, dass sie Geld von den Konten meiner Bekannten entwendeten. Mich stört unheimlich, dass Familienangehörige uneingeschränkte Macht über ihre Eltern haben, wenn diese im hohen Alter als dement eingestuft werden. Die alten Leute haben keine Möglichkeit, sich selbst aus dieser Lage zu befreien. Sie brauchen jemanden, der sie in ihren Bemühungen unterstützt. In Rosis Fall bedeutet das, dass besonders die Tochter von Mal zu Mal dreister, unhöflicher und respektloser im Umgang mit ihrer Mutter wurde, weil sie davon überzeugt war, dass sie gegen die Bevormundung sowieso nichts unternehmen könne. Alle Personen, die mit Rosis Fall betraut sind, weigerten sich damals, die Realität anzuerkennen und die Situation für meine Bekannte zu verändern. Rosi hatte ihrer Tochter mehrmals gesagt, dass sie in diesem Heim nicht leben möchte. Es gibt natürlich viel bessere und schönere Residenzen für Ältere, die allerdings viel kostenintensiver sind. Aber meine Bekannte konnte sich diesen Luxus durchaus leisten, weil sie wie gesagt ihr ganzes Leben lang gespart hatte. Dass die eigenen Kinder ihr vorschreiben wollten, wie sie ihr Geld auszugeben hatte, ist meiner Meinung nach nicht rechtmäßig. Deshalb kam es zum Streit zwischen den Behörden und uns.

Alle Entscheidungen des zuständigen Richters beruhten auf der Diagnose des Arztes, die im Juli 2013 gestellt wurde. Rosi war bis zum Mai 2015 meiner Meinung nach jedoch nicht verwirrter als die meisten Menschen ihres Alters. Letztendlich kann ich nicht sagen, wie viele Schreiben ich mit der Bitte an das Gericht geschickt hatte, die Forderungen meiner Bekannten endlich ernst zu nehmen. Nach einem halben Jahr entschied der zuständige Richter im Juni 2014 ohne nähere Begründung, den Antrag auf einen Betreuerwechsel, den Rosi Ende April gestellt hatte, nicht zu bearbeiten oder abzulehnen. Rosi hat nie eine schriftliche Benachrichtigung vom Gericht über die Ablehnung des Antrages erhalten. Ich hatte mich bereit erklärt, die gesetzliche Vertretung für sie zu übernehmen. Es ist nicht so, dass ich mich darum gerissen hätte, weil es für mich auch einen Mehraufwand an ehrenamtlicher Arbeit bedeutet. Aber ich konnte die Willkür, welcher Rosi ausgesetzt war, nicht länger dulden. Deshalb hatte ich mich auch an das Oberlandesgericht in Naumburg und später an das Landesgericht in Magdeburg gewendet und einen Wider-spruch gegen die Entscheidung des Betreuungsgerichts in Magdeburg eingelegt bzw. das Verhalten des zuständigen Richters kritisiert. Beide Male wurde mein Schreiben an das zuständige Amtsgericht zurückgeleitet, weil sie dort für die Bearbeitung von Beschwerden nicht zuständig sind. Das hatte aber dann zur Folge, dass der Fall wenigstens bearbeitet wurde. Ende Juni 2014 stellte ich außerdem bei der Polizei im Namen meiner Bekannten Strafanzeige gegen ihre Kinder, da sie unerlaubt Geld von ihren Konten abgehoben hatten. Dieser Fall wurde weiter an die Staatsanwaltschaft gereicht, da Einsicht in die Konten nur dann gewährt werden kann, wenn der gesetzliche Vertreter, also in dem Fall die Beschuldigten, ihr Einverständnis erklären. Es leuchtet wohl jedem ein, dass dies nie geschehen wäre. Ende August 2014 führte ich ein aufschlussreiches Gespräch mit dem Richter des Betreuungsgerichtes, in welchem er mir mitteilte, dass ich bei allem, was ich tue, doch bedenken solle, dass meine Bekannte dement und demzufolge nicht glaubwürdig wäre. Schon während dieses Gedankenaustausches wurde mir klar, dass ich von dieser Seite keine Hilfe erwarten kann. Der zuständige Richter besuchte jedoch meine Bekannte eine Woche später persönlich im Seniorenheim und legte nachfolgend einen staatlichen Betreuer fest. Da sich diese Person im ersten Monat seiner Tätigkeit nicht bei Rosi meldete, schrieb ich erneut an diesen Richter. Ich teilte ihm mit, dass sich die Situation für meine Bekannte nicht geändert hätte.

Es folgte wie erwartet keine Reaktion, worauf ich Anfang November 2014 letztendlich einen Rechtsanwalt damit beauftragte, Licht ins Dunkel zu bringen. Dieser stellte daraufhin beim Betreuungsgericht den Antrag auf Akteneinsicht, welche ihm nach wochenlanger Wartezeit sogar gewährt wurde. Bei dieser Sichtung stellte sich heraus, dass Rosis Kinder Mitte 2014 aufgefordert wurden, die Konten dem Gericht offenzulegen. Sie sind dieser Aufforderung nicht nachgekommen, und der zuständige Richter verfolgte diese Angelegenheit einfach nicht weiter. Als er mir Ende August mitteilte, dass eine Tiefenprüfung der Finanzen stattgefunden hätte, die keine Auffälligkeiten aufwies, hat er also bewusst nicht die Wahrheit gesagt. Da stellt sich automatisch die Frage, warum ein Vertreter des Gesetzes so freizügig mit Vorschriften und Regeln umgehen kann. Ich vermute, dass in der heutigen Zeit stillschweigend hingenommen wird, wenn von Raffgier getriebene Mitbürger sich an dem Besitz ihrer Eltern bereichern, sobald diese für geschäftsunfähig erklärt werden.

Anfang Januar 2015 überreichte ich dem Rechtsanwalt eine Auflistung der Konten und Sparbriefe, wie sie im Mai 2013 noch bestanden hatten. Er konnte damit das Amtsgericht endgültig in die Pflicht nehmen und die Aufdeckung des Missbrauches veranlassen, da die Differenzen nun nachweisbar waren. Der vom Gericht Ende September 2014 eingesetzte Betreuer hatte von Anfang an die Aufgabe, alle Beteiligten zu beruhigen, aber sonst keine Veränderungen vorzunehmen. Meine Bekannte sollte zum Schweigen gebracht werden, was jedoch nicht möglich war, weil sie trotz allem noch sehr lange die gleichen Forderungen wie zu Beginn der Aktionen im November 2013 stellte. Die Kinder haben seit September 2014 zwar keinen Zugriff mehr auf die Konten ihrer Mutter, aber eine endgültige Ermittlung des Vermögens konnte so natürlich nicht erfolgen. Ende März, also zwei Monate nachdem der Rechtsanwalt das Amtsgericht gebeten hatte, den Fall wieder aufzurollen, informierte ich das Landgericht über die Untätigkeit des zuständigen Richters, weil ich den Verdacht hegte, dass er nie die Absicht hatte, die ganze Wahrheit über die Höhe des veruntreuten Vermögens zu erfahren. In dem Falle müsste er nämlich zugeben, dass er vorsätzlich getäuscht wurde, aber gegen diesen Tatbestand nicht vorgegangen ist. Da das Landgericht für diese Fälle nicht zuständig ist, wurde der Vorgang wieder zurück ans Präsidium des Amtsgerichts geleitet. Das hatte den Vorteil, dass sich nun niemand mehr seiner Verantwortung einer Überprüfung entziehen und den Vorgang weiterhin verschleppen konnte. Aber auch der vorsitzende Richter des Präsidiums erklärte mir am 21.04.2015 in einem Schreiben, dass es in dem Fall keine Unregelmäßigkeiten gäbe. Daraufhin schrieb ich auch ihm noch einmal und erklärte, dass ich das Verhalten des Gerichts als bekennender Christ nicht dulden kann. Ich verurteile jede Art von Ungerechtigkeit und unehrlichen Verhaltens. Dass ich mich im Recht befand, konnte man schon allein daran erkennen, dass sich das Präsidium des Amtsgerichts gegen meine Anschuldigungen nicht wehrte, sondern einfach nicht reagierte.

Leider verschlechterte sich der geistige Zustand meiner Bekannten ab Mai 2015 so sehr, dass sie sich für ihr Vermögen nicht mehr interessierte und nicht mehr für ihr Recht kämpfte. Ihre Kinder sind zwar nicht mehr ihre gesetzlichen Vertreter, aber sie würden eines Tages sowieso alles erben, und keiner würde sie jemals für ihr Verhalten zur Rechenschaft ziehen. Die ganze Geschichte ist trotzdem sehr eigenartig, weil meine Bekannte anfangs von einem anerkannten Arzt einerseits für unzurechnungsfähig erklärt wurde, sich andererseits jedoch selbst einen Anwalt nehmen durfte.

An dieser Tatsache kann man erkennen, dass die alte Dame übergangen wurde, weil Menschen mit Demenz gar nicht mehr den Wunsch äußern können, Einsicht in die eigenen Konten zu erlangen. Es ist traurig und beschämend, dass ein alter Mensch, der zu diesem Zeitpunkt noch einkaufen und sich um sich selbst kümmern konnte, so behandelt wurde, weil das Gericht, die Behörden, das Heim und sogar die eigenen Kinder sich gegen die Betroffene verschworen hatten. Heute weiß ich, dass Rosi kein Einzelfall ist. Immer wieder bereichern sich die eigenen Kinder an dem Vermögen ihrer Eltern, nachdem diese für unmündig erklärt wurden. Es reicht, wenn sie vor Gericht nicht alle Konten angeben, da der Richter nicht nachprüfen kann, ob die Angaben stimmen. Die eigenen Kinder können dann in Ruhe schon das Geld ausgeben, das sie sowieso nach dem Tod der Mutter erben. Dieser Fall zeigt auch, dass Betroffene absolut nichts gegen diese Umstände tun können. Sobald sie das Gericht für unmündig erklärt hat, können ihre Verwandten schalten und walten, wie sie wollen. In der Bibel steht „Hochmut kommt vor dem Fall". Wenn die Kinder und der Richter vom Betreuungsgericht nur annähernd auf Rosis Wünsche eingegangen wären, dann hätte es diese großen Probleme nie gegeben. Dass die Familie sich so auseinandergelebt hat, liegt auch daran, dass der frühe Tod des Vaters und Rosis Ehemanns damals nie besprochen und emotional verarbeitet wurde. Wahrscheinlich ist das die Ursache für die extreme Kälte in den Herzen der Beteiligten. Vielleicht können alle noch Heilung durch Jesus erfahren. Das ist meine große Hoffnung. Mir ist es jedoch auch sehr wichtig, dass diejenigen, die an diesem Fall gearbeitet haben, auch noch rechtzeitig zur richtigen Erkenntnis gelangen, damit sie gerettet werden können. Die Zeit wird knapp.

## Natsnet und ihr Mann Habtom

Im Juni 2016 kam ein junger Mann aus Eritrea zu mir ins Büro. Er suchte für seine Schwester (Später stellte sich heraus, dass sie gar nicht miteinander verwandt sind.) und ihr Baby eine Wohnung in Magdeburg. Zu dem Zeitpunkt war es noch möglich, Migranten mit Wohnraum zu versorgen. Ich hatte im Oktober 2015 damit begonnen, die vielen jungen Männer, die vor allem ab September 2015 allein ohne Familie nach Deutschland gekommen waren, in Wohngemeinschaften zu vermitteln. Es stand jedem Einzelnen von ihnen natürlich per Gesetz eine eigene

Wohnung zu, aber Gesetz und Realität passen oft nicht zusammen. Nachdem sich viele gefunden hatten, die zusammenzogen, wurde der zur Verfügung stehende Wohnraum immer knapper. Heute, im Jahr 2018, ist es fast unmöglich, noch eine freie Wohnung zu finden. Ich wollte Natsnet vor allem deshalb unterstützen, weil sie ein Baby hatte, um welches sie sich kümmern musste. Deshalb teilte ich ihrem Bekannten mit, welche Dokumente der Wohnungsgeber für die Ausstellung des Mietvertrages haben wollte. Drei Monate vergingen, ohne dass etwas passierte. Wenn der Leidensdruck groß genug ist, beginnen auch die Letzten, sich zu bewegen. Natsnet wohnte in Thüringen, aber ab dem 01.08.2016, also zwei Monate nach dem ersten Kontakt zwischen ihrem Bekannten und mir, wurde das Gesetz über die Wohnauflage für anerkannte Flüchtlinge geändert. Bis zu diesem Tag konnte jeder Migrant, der von Deutschland eine Aufenthaltserlaubnis bekommen hatte und noch von Sozialleistungen lebte, in die Stadt seiner Wahl umziehen. Das führte dazu, dass vor allem die jungen Männer kreuz und quer durch Deutschland zogen, so dass die Ämter mit der Bearbeitung der Akten und den damit verbundenen Veränderungen hoffnungslos überlastet waren. Seit dem ersten August 2016 gibt es vor allem aus diesem Grund die Veränderung der Bestimmung zur Wohnsitzauflage. Seitdem dürfen nur noch diejenigen den Wohnort in einem anderen Bundesland nehmen, die dort Verwandte haben oder einen Arbeitsplatz vorweisen können. Diese Bestimmung wurde noch einmal verschärft, denn seit dem 17.02.2017 dürfen die Flüchtlinge, die an diesem Tag und später ihre Aufenthaltserlaubnis erhalten haben, auch nicht mehr den Landkreis, in den sie zugewiesen wurden, verlassen, solange sie auf Sozialleistungen angewiesen sind. Im Fall von Natsnet bedeutete dies, dass sie eigentlich nicht mehr nach Magdeburg umziehen konnte, obwohl sie im September 2016 die Wohnung in Thüringen räumen musste, und nun deshalb endlich in die Gänge kam. Sie schaffte es dann irgendwie doch ganz schnell, die geforderten Papiere, auf die ich zuvor drei Monate gewartet hatte, zu besorgen.

In der Zwischenzeit hatte ich die junge Frau fast vergessen, aber zum Glück konnte sich bis dahin kein Mieter für die Wohnung in Magdeburg finden. Für eine Einzelperson ist sie zu groß und für mehrere Personen zu klein. Kurz nachdem die junge Frau mit ihrem Kind und dem Vater des Kindes in Magdeburg eingetroffen war, bekam sie die Aufforderung von der Ausländerbehörde, unverzüglich nach Thüringen zurückzukehren. Zum Glück konnte ich den Mitarbeitern erklären, wie wichtig es ist, dass die junge Frau in Magdeburg bleibt. Und von Vorteil war natürlich auch, dass ich den

Antrag auf Prüfung der Wohnung für sie schon im Juli im Jobcenter Magdeburg gestellt hatte, so dass die Zustimmung seitens dieser Behörde bereits im Juli 2016 vorlag. Damals habe ich sehr oft für die junge Frau gebetet, weil ich merkte, dass sie absolut hilflos war und allein nichts schaffte. Das erste Problem gab es schon bei der polizeilichen Anmeldung im Bürgerbüro. Dort stellte man fest, dass das Baby bisher nur eine Aufenthaltsgestattung hatte, der Asylantrag also noch geprüft wurde. Es ist nämlich nicht so, dass jedes Baby, welches in Deutschland von einem Flüchtling geboren wurde, automatisch eine Aufenthaltserlaubnis bekommt, auch wenn beide Eltern diese bereits besitzen. Jeder Flüchtling muss für sich selbst vom Bundesamt geprüft werden, da er je eines Tages volljährig wird und dann nicht mehr von den Eltern abhängig ist. Das Baby durfte mit dieser Aufenthaltsgestattung Thüringen nicht verlassen. Auf meinen Einwand, dass das Kind ja nicht allein leben könne, wurde auf das Gesetz verwiesen. Die Mutter durfte also nach Magdeburg umziehen, das Baby nicht. Beim nächsten Mal zeigten wir im Bürgerbüro die Geburtsurkunde des Babys. Diese wurde dann anerkannt, weil auf ihr keine Wohnsitzauflage steht. Dann musste ich Natsnet erklären, dass ihr Mann Habtom nicht nach Magdeburg umziehen durfte, weil er zu diesem Zeitpunkt noch keine Aufenthaltserlaubnis besaß. Er war später nach Deutschland gekommen und die beiden hatten sich erst hier in Thüringen kennengelernt. Später stellte sich heraus, dass die junge Frau, die das Baby im Februar entbunden hatte, es in Thüringen bis zum September nicht geschafft hatte, Kindergeld und Erziehungsgeld für ihr Kind zu beantragen. Ich musste deshalb mit den Behörden in Thüringen eng zusammenarbeiten, was sehr zeitaufwändig und kompliziert war. Aber letzten Endes konnte ich die Ausländerbehörde davon überzeugen, dass es für Natsnet besser wäre, in Magdeburg zu bleiben.

Ich weiß nicht, wie sie in Thüringen gelebt hat, aber beantragt wurde dort nichts vollständig. Damit war die erste Hürde genommen. Es dauerte dann jedoch eine Weile, bis sie das erste Mal Sozialleistungen bekommen konnte, weil sie bei ihrem ersten Gespräch im Jobcenter zusammen mit dem Vater des Kindes erschien und dort dem Mitarbeiter mitteilte, dass er ihr Ehemann sei. Aus ihrer Sicht ist er das auch, weil sie hier in Deutschland in der Kirche geheiratet haben. Aber nach deutschem Gesetz sind sie kein Ehepaar, denn dafür fehlt die gesetzliche Trauung im Standesamt. Aber sie können nicht heiraten, weil sie beide ohne eritreischen Reisepass in Deutschland eingereist sind. Dies ist ein Dilemma, denn in Eritrea gibt es nach Aussage der Klienten keine Pässe und die eritreische Botschaft in Berlin stellt keine Reisepässe für ihre Landsleute aus. Ich musste den Mitarbeitern im Jobcenter mehrmals erklären, dass Habtom durch die Wohnsitzauflage nicht einfach nach Magdeburg umziehen kann, weil er laut Gesetz in Thüringen bleiben muss, und dass die beiden vor dem Gesetz nicht verheiratet sind. Irgendwann war auch dieses Problem gelöst. Nach Beendigung seines Sprachkurses in Thüringen wollte der junge Mann natürlich zu seiner Familie in Magdeburg umziehen. Natsnet konnte nie einen Deutschkurs besuchen, weil sie kurz nach ihrem Aufenthalt in Deutschland schon schwanger war. Im Mai 2017 war ich mit ihr und Habtom im Standesamt in Magdeburg, um eine Vaterschaftsanerkennung zu beantragen. Der junge Mann kann nämlich nur nach Magdeburg umziehen, wenn er beweisen kann, dass er der Vater des Kindes ist, oder wenn er Arbeit gefunden hat. Die Vaterschaft wurde nicht anerkannt, weil sich die Eltern nicht ausweisen oder legitimieren können. Die Ausländerbehörde kann jedoch die Erlaubnis zum Umzug erst erteilen, wenn die Vaterschaft eindeutig feststeht. Das geht nur durch einen Bluttest, der jedoch nicht gerade preiswert ist. Und dann stellte sich heraus, dass die junge Frau im Januar 2018 das zweite Kind erwartete.

Wie durch ein Wunder erhielt sie im September 2017 für das erste Kind einen Platz bei einer Tagesmutter. Den Antrag auf einen KITA Platz hatte ich für sie beim Jugendamt gestellt, obwohl ich wusste, dass es keine freien Plätze in der ganzen Stadt gibt. Ich denke, dass sie diesen Platz bekommen hat, weil sie in der Nähe der Tagesmutter wohnt. Das war natürlich ein absoluter Glücksfall, denn das Kind war erst ein Jahr und sieben Monate alt, als sie diesen Platz erhielt. Es musste schnell gehandelt werden, damit Natsnet wenigstens von September 2017 bis Januar 2018 den Deutschkurs besuchen konnte. Es begann auch ein Kurs genau in ihrer Wohngegend, so dass sie die Wege zwischen der Tagesmutter und der Sprachschule zeitlich gut zurücklegen konnte. Inzwischen war klar, dass die Ausländerbehörde dem Mann die Erlaubnis zum Umzug nicht gewähren würde, es sei denn durch einen positiven Vaterschaftstest. Genau zu dem Zeitpunkt kam ein Kollege der Migrationsberatung in mein Büro und gab mir die Adresse einer Reinigungsfirma, die nach seinen Angaben ständig Mitarbeiter sucht. Ich ging mit dem Vater des Kindes zu dieser Firma und es stellte sich heraus, dass sie tatsächlich gerade einen Mitarbeiter brauchten. Der Arbeitsvertrag war zwar bis Ende Oktober zeitlich begrenzt, aber so konnte er erst einmal in den Arbeitsmarkt einsteigen. Die Firma war mit seiner Arbeit sehr zufrieden, so dass sie ihm anschließend weitere befristete, Arbeitsverträge, anbot. Er arbeitet bis heute in dieser Firma. Da die junge Frau es nicht geschafft hatte, in Thüringen das Elterngeld zu beantragen und die geforderten Dokumente viel später vollständig dort vorlagen, konnte nur Monate später das Elterngeld ausgezahlt werden. Natsnet erhielt Anfang 2017 ca. 1200 Euro für das Elterngeld direkt auf ihr Konto gezahlt. Sie machte sich über die Herkunft des Geldes keine Gedanken und gab es vollständig aus. Als Monate später das Jobcenter in Magdeburg dieses Geld zurückforderte, war es nicht mehr vorhanden bzw. verfügbar. Daraufhin wurde Natsnet aufgefordert, in den nächsten Monaten ihre Miete selbst zu übernehmen. Da die junge Frau auch dieses Schreiben nicht verstanden hatte, kam sie in einen enorm großen Mietrückstand. Das führte sogar dazu, dass sie die fristlose Kündigung mit der Aufforderung zur Räumung der Wohnung bekam. Aber auch diese Situation konnte letzten Endes geklärt werden, da ich für sie einen Dauerauftrag für die Überweisung in einer monatlichen Höhe von 250 Euro veranlassen konnte. Das Jobcenter übernahm nach einem Telefongespräch mit der zuständigen Mitarbeiterin wieder die Zahlung der Miete. Ende November 2017 war der Mietrückstand wieder aufgehoben. Genau zur richtigen Zeit, denn da brauchten die jungen Eltern wieder mehr Geld, weil bald das zweite Kind kam.

Man kann natürlich bei all diesen Dingen von Zufällen und perfekten Zeitabläufen sprechen, aber ich sage, dass es so etwas nicht gibt. Das alles ist so gut gelaufen, weil Gott uns geführt hat. Es gab z.B. mit der Tagesmutter einige Probleme, weil die Hausklingel nicht funktionierte und Natsnet kein Handy hatte. Die anderen Mütter konnten anrufen und Bescheid sagen, dass sie da waren. Sie stand jedoch zwei Tage hintereinander ohne Erfolg vor der Tür und dachte, dass sie und ihr Kind nicht erwünscht seien. Abends bekam ich eine whats app Nachricht, in der mir der Sachverhalt mitgeteilt wurde. Es begann eine „Konferenzschaltung" mit der Tagesmutter, die Klarheit schaffte. Am Ende teilte mir die Betreuerin mit, dass sie nun jeden Tag zur gleichen Zeit schauen würde, ob Natsnet vor der Tür sei. Am 17.10.2017 bekam ich wieder einen Anruf. Mir wurde mitgeteilt, dass das Kind krank sei und deshalb nicht bei der Tagesmutter bleiben könne. Ich bestellte die Mutter mit ihrem Kind direkt zum Kinderarzt, wo ich sie dann nicht antraf. Sie hatte vergessen, wo die Arztpraxis ist, obwohl wir schon mehrmals dort gewesen waren. Gerade als ich mich auf den Weg zu ihrer Wohnung machte, weil ich vermutete, dass sie wohl nach Hause gefahren sein müsse, kam sie mir auf dem Fußweg entgegen. Ich erwähne diese Episode, weil ich an solche Zufälle nun gar nicht glaube. Im November 2017 stellte die Familie einen Antrag auf Umzug in eine größere Wohnung, da im Januar der Wohnraum für vier Personen in einer Zweiraumwohnung definitiv zu klein wurde. Die Immobilienfirma, die diese kleine Wohnung an sie vermietet hat, bleibt jedoch bis heute uneinsichtig und unnachgiebig in ihren Ansichten, da im Mietvertrag eine Laufzeit des Mietvertrages bis zum Dezember 2018 festgelegt wurde. Sie ist noch nicht einmal dazu bereit, der Familie im gleichen Hauseingang zwei Etagen höher eine Dreiraumwohnung, die zurzeit leerstehend ist, zur Verfügung zu stellen. Sie begründet ihre Entscheidung damit, dass die Dreiraumwohnung mit vier Personen überbelegt wäre. Dabei vergessen die Mitarbeiter offensichtlich, dass es in Magdeburg die Norm ist, wenn Familien mit zwei Kindern in einer Dreiraumwohnung leben. Und außerdem ist die Zweiraumwohnung jetzt erst recht überbelegt. Ich denke, wenn der Wille dagewesen wäre, hätte es zu einer Einigung kommen können.

Die Familie musste lernen, mit der neuen Situation umzugehen, auch wenn diese für sie unbekannt und auch anspruchsvoll war. Der Mann arbeitet und die Frau bringt das ältere Kind in den Kindergarten. Durch die seltsame Situation, dass die Ausländerbehörde dem Vater der zwei Kinder nicht erlaubt, von Thüringen nach Magdeburg umzuziehen und die Familie nicht aus der Wohnung ausziehen darf, verfügt sie jetzt über recht viel Geld. Denn der Verdienst des Mannes kann nicht auf die Leistungen angerechnet werden, welche Natsnet vom Jobcenter für sich und die zwei Kinder bekommt. Sie gelten offiziell nicht als Lebensgemeinschaft, wenn die Ausländerbehörde dies nicht ausdrücklich bestätigt. Alles hat seinen Grund, und vielleicht ist das zukünftig meine Vorzeigefamilie für gelungene Integration. Ich habe diese Geschichte so detailliert erzählt, weil ich zeigen wollte, wie viele Zufälle es allein in dieser Familie geben müsste, um all die Aufgaben zu lösen. Menschen, die nicht an Gott glauben, würden sagen, dass ich einfach gut vernetzt bin und immer Bezugspersonen kenne, die in den jeweiligen Ämtern arbeiten. Dem muss ich zustimmen, aber oftmals stimmt der Zeitfaktor so genau, dass ein lückenloses Abarbeiten der Fälle möglich ist. Und vor allem deshalb glaube ich als bekennender Christ nicht an Zufälle, sondern an Gottes Vorsehung.

# Walli braucht Hilfe

Bekehrte Christen, die den Heiligen Geist haben, verhalten sich anders als die anderen. Das sehe ich am besten an mir selbst. Ich tue heute Dinge, die früher für mich undenkbar gewesen wären. Ein gutes Beispiel ist meine Bekannte Walli. Als ich 2011 die ersten Male in die Baptistengemeinde zum Gottesdienst ging, fiel mir eine ältere Dame besonders auf. Walli war in ihrem Berufsleben Grundschullehrerin und hat deshalb diesen „Befehlston" bis heute nicht abgelegt. Ich dachte damals: „Hoffentlich muss ich mich niemals mit dieser Person unterhalten. Das ist bestimmt extrem anstrengend." Aber Gottes Wege verlaufen bekanntlich immer anders als wir denken. Als die Gemeinde begann, nachmittags Hausaufgabenhilfe für Schulkinder anzubieten, erklärte ich mich bereit zu helfen. Ich war damals zwar auch kein Gemeindemitglied, aber ich dachte, dass vielleicht eines Tages auch meine Klienten diese Hilfe in Anspruch nehmen würden. Und da fand ich es nur fair, meinen Beitrag zu leisten. Dort traf ich dann unweigerlich doch auf Walli, weil sie wie gesagt eine pädagogische Ausbildung hatte und dies eine willkommene Abwechslung für sie als Rentnerin war. Ich habe damals halbtags gearbeitet, so dass ich Zeit für mein ehrenamtliches Engagement hatte. Anfangs ging ich der alten Dame, die zu dem Zeitpunkt sogar selbst noch Auto gefahren ist, aus dem Weg. Aber eines Tages fragte sie mich, ob ich ihr helfen könne. Ihr Computer funktionierte nicht richtig, und deshalb ging ich mit zu ihr nach Hause. An der Wand hingen Fotos von zwei jungen Männern. Als ich sie fragte, wer diese Herren sind, antwortete sie, dass es sich um ihre Kinder handle. Ein Sohn ist im Alter von 24 Jahren an einer Erbkrankheit gestorben und der zweite im Alter von 45 Jahren. Ich war geschockt aber auch beeindruckt, vor allem wohl deswegen, weil die Frau trotz dieser persönlichen Tiefschläge niemals den Lebensmut verloren hat und immer zuversichtlich, wenn nicht sogar lebensfroh geblieben ist. Meiner Meinung nach gelingt das nur, wenn uns Jesus den inneren Frieden gibt.

Dieses Erlebnis veränderte meine Einstellung zum Leben grundlegend. Walli ist für mich bis heute diesbezüglich ein großes Vorbild. In den folgenden Jahren trafen wir uns immer öfter und unternahmen auch einige Dinge zusammen. Im Mai 2017 war ich sogar mit ihr auf einem christlichen Jugendtreffen. Die jungen Leute waren begeistert von ihr, weil sie trotz ihres Alters für jeden Spaß zu haben ist. Walli ist jedoch kein leicht zu nehmender Mensch, weil sie sofort auf Abwehr umstellt, wenn sie merkt, dass sie jemand bevormunden oder ihr etwas aufzwingen will, was sie nicht möchte. Das ist der Hauptgrund dafür, dass sich keiner um sie kümmern will. Anfang Oktober 2017 begann ihre Demenzerkrankung schnell voranzuschreiten, vor allem, nachdem sie mehrmals gestürzt war. Sie kann seitdem nicht mehr allein in ihrer Wohnung leben, weil sie die einfachsten Handgriffe nicht mehr bewältigen kann. Ich bat Jesus, mir die richtigen Worte zu geben, wenn ich mit ihr sprach, weil ich wusste, dass sie sofort blockiert, wenn sie merkt, dass ich ihr etwas vorschreiben will. Umso erstaunter war ich, dass sie sofort zustimmte, als ich ihr anbot, für sie die gesetzliche Vertretung bzw. Vormundschaft zu übernehmen. In dem Fall wäre es leichter, für sie einen Platz in einem Pflegeheim zu finden. Im Normalfall dauert es Monate, bis ein alter Mensch den Termin für die Prüfung des Pflegegrades bekommt. Ohne den Nachweis der Pflegebedürftigkeit bekommt man jedoch nur sehr schlecht einen Platz in einem guten Seniorenwohnheim, weil dieser nur mit der Rente nicht finanzierbar ist. Tagelang zerbrach ich mir den Kopf, wie ich dieses Problem bewältigen sollte, weil ich sehen konnte, dass sich der körperliche und geistige Zustand meiner Bekannten rapide verschlechterte. Anfang Oktober war sie für einen Tag im Universitätskrankenhaus. Der behandelnde Arzt entließ sie jedoch sofort wieder, weil Patienten nicht gegen ihren Willen in einer Klinik festgehalten werden können. Walli verließ das Krankenhaus auf eigenen Wunsch. Sie konnte in diesem Zustand der Verwirrung jedoch nicht mehr allein in ihrer Wohnung leben.

Am 15.10.2017 traf ich Walli in einem total desolaten geistigen Zustand in ihrer Wohnung an, als ich sie morgens 9.30 Uhr zum Gottesdienst abholen wollte. Der Heilige Geist hatte mich schon am Morgen zur Eile angetrieben, so dass ich, entgegen meiner Gewohnheiten, viel früher bei ihr zu Hause ankam. Das war gut so, denn so konnten wir uns genügend Zeit nehmen, um letzten Endes zur Gemeinde zu fahren und noch pünktlich zum Gottesdienst zu erscheinen. Zu dem Zeitpunkt konnte sie nur noch ganz schlecht laufen, weil sie einige Tage zuvor in ihrer Wohnung gefallen war und sich dabei verletzt hatte. Ich nahm sie mit in den Gottesdienst, obwohl sie dort ständig einschlief und sich nicht mehr konzentrieren konnte. Der Grund dafür war, dass ich wusste, dass ich dort ihre Hausärztin treffen würde. Sie wusste besser als ich, was jetzt gemacht werden musste. Mir war zu dem Zeitpunkt schon klar, dass Walli nicht in ihre Wohnung zurückkehren konnte. Beim nächsten Mal käme sie vielleicht nicht einmal mehr aus dem Bett heraus und könnte die Wohnungstür nicht mehr öffnen. Zum Glück gab mir die Ärztin den Tipp, Walli in ein Krankenhaus zu bringen, das auf solche Fälle spezialisiert ist. Es war die richtige Entscheidung, denn hier wurde sich richtig gut um sie gekümmert. Die aufnehmende Ärztin war nett, einfühlsam, verständnisvoll und freundlich. Mit anderen Worten, ich war total begeistert, auch weil ich wusste, dass Walli nun in guten Händen war. Gottes Timing war mal wieder perfekt, denn so wurde der Prozess der Beantragung eines Pflegegrades extrem verkürzt. Genau zur gleichen Zeit kam auch die Antwort vom Amtsgericht zur Beantragung ihrer gesetzlichen Vertretung durch mich, welche Walli einige Tage zuvor angestrebt hatte. Dieser Brief lag geöffnet in ihrer Küche. Ich nahm ihn am Tag von Wallis Aufnahme ins Krankenhaus an mich und gab ihn gleich der Ärztin, so dass das Krankenhaus zeitnah Verbindung zum Gericht aufnehmen und so der Antrag schneller bearbeitet werden konnte. Das war sehr wichtig, denn der Prozess von der Beantragung bis zur Erteilung der gesetzlichen Vertretung dauert meistens mehrere Monate. Während eines Gesprächs mit einer Kollegin wenige Tage später teilte mir diese mit, dass im Pflegeheim der AWO noch Plätze im Zweibettzimmer frei wären. Daraufhin habe ich mich mit dem Heim in Verbindung gesetzt. Nach dem Aufenthalt im Krankenhaus musste meine Bekannte in die Kurzzeitpflege, d.h. sie wurde für einen Monat im Heim betreut. Es ist laut Gesetz vorgeschrieben, dass Personen, die sich in der Kurzzeitpflege befinden, innerhalb dieser Zeit vom Medizinischen Dienst der Krankenkassen untersucht werden müssen, damit festgestellt werden kann, ob sie noch allein in ihrer Wohnung leben können.

Am 16.11.2017 kam der Mitarbeiter des Medizinischen Dienstes ins Pflegeheim. Meine Bekannte bekam den dritten Pflegegrad, weil sie neben ihrer beginnenden Demenz auch noch andere körperliche Beeinträchtigungen hat. Das war schon ein großes Wunder, aber dass auch sofort ein Einzelzimmer frei wurde, in welches sie umziehen konnte, war noch beeindruckender. Diese Zimmer sind nämlich absolute „Mangelware". Ihr gefällt es inzwischen im Heim sehr gut, weil die Bewohner rund um die Uhr betreut werden. Außerdem ist sie ein geselliger Mensch, der Kontakt zu anderen braucht. Dort werden fast täglich Programme angeboten, an denen sie regelmäßig teilnimmt. Die Wohnung hatte sie zum Dezember 2017 gekündigt. Die Kündigungsfrist betrug drei Monate. Ich hatte also genügend Zeit, um sie in Ruhe aufzulösen. Aber die doppelte Mietbelastung brachte den Kontostand meiner Bekannten an seine Grenzen. Eine Firma, die die Wohnung ausräumt, konnte ich nicht beauftragen, weil Walli das Geld dafür nicht hatte. Deshalb begann ich Mitte Dezember, zusammen mit einigen Flüchtlingen aus Eritrea, die Wohnung zu räumen. Sie brauchten Möbel für ihre neu bezogene Wohnung und Wallis Schränke waren teilweise noch in einem guten Zustand. Es passierten Dinge, die sehr hilfreich, aber dennoch ungewöhnlich waren. In Wallis Wohnung standen ca. zehn Getränkekästen, die teilweise mit Flaschen gefüllt waren, deren Verfallsdatum schon überschritten war. Ich machte mir schon Gedanken darüber, wie ich die Kästen loswerden könne, als mir eines Tages auf dem Hausflur ein Mann begegnete, der einen Karren mit leeren Kästen vor sich herschob. Er nahm auf meine Bitte hin auch Wallis Kästen mit und konnte das Geld für das Leergut für sich einstreichen. So war uns beiden geholfen. Man könnte jetzt natürlich sagen, dass wir uns zufällig getroffen hatten, aber ich sehe das nicht so. Noch als ich mir Gedanken darüber machte, wie ich wohl all den Müll und die Möbel aus der Wohnung loswerden solle, fand ich im Briefkasten eine Broschüre zur unentgeltlichen Müllabfuhr der Stadt. War das gutes Timing, Zufall oder einfach nur göttliche Hilfe? Ein Bekannter erzählte mir wenig später, dass er die alten Möbel seiner Tante, die jetzt auch im Altersheim war, zum Sozialkaufhaus gebracht hatte. Dort werden die Dinge für einen kleinen Beitrag an sozialschwache Menschen abgegeben. Ich rief daraufhin an, und Anfang Februar 2018 holten Mitarbeiter des Sozialkaufhauses die Möbel ab, die die Migranten nicht haben wollten, und genau zwei Tage später ließ ich die nicht mehr verwertbaren Gegenstände als Sperrmüll von einer Abfallbeseitigungsfirma der Stadt entsorgen. Auch hier gab es ein perfektes Timing, obwohl der Abholtermin für die Müllabfuhr nur wenige Tage vorher bekanntgegeben wird, d.h. zwischen den zwei Fuhren auch Wochen hätten liegen können. Ich brachte auch viele Dinge selbst zur Müllkippe. Es dauerte geschlagene drei Monate, bis alles erledigt war, weil ich immer nur stundenweise aufräumte und alles allein machte.

Manchmal fragte ich mich schon, wieso ich mich so für Walli einsetzte, zumal sie nur eine Bekannte von mir ist. Dazu kam, dass sie nicht verstand, warum ich ihre Möbel kostenlos weitergab. Sie brauchte das Geld nicht, und anderen war geholfen. Das ist das Interessante an der Sache, dass selbst Christen oft nichts von ihrem Besitz an Ärmere abgeben wollen. Wallis Sohn hatte früher viel an gemeinnützige Organisationen gespendet. Ich war schon so manches Mal aufgebracht, wenn sie mir vorwarf, dass ich kein

Geld für ihre Möbel verlangte. Aber dann sprach eine Mitarbeiterin des Pflegeheimes mit mir, was mich wieder beruhigte. Sie erklärte mir, dass, obwohl die alten Menschen all diese Dinge nicht brauchen, sie an den Sachen aus ihrer Vergangenheit hängen. Und die Bezugspersonen, die sich am meisten um die Heimbewohner kümmern, bekommen den meisten Druck ab, weil diese Senioren sich über alles beschweren. Rein verstandesmäßig war mir das auch schon früher klar, aber es half ungemein, diese Worte zu hören. Am 20.02.2018 sprach die Richterin vom Vormundschaftsgericht mit Walli und fragte sie, ob sie die gesetzliche Vertretung durch meine Person wünscht. Und sie wurde noch einmal ausdrücklich darauf hingewiesen, dass sie nur im Heim bleiben muss, wenn sie das selbst möchte. Jetzt, ein Jahr später, kann ich ein absolut positives Resümee ziehen. Denn was in dem letzten Jahr alles so geschehen ist, war das Beste, was meiner Bekannten passieren konnte. Im Pflegeheim ist sie sehr gut aufgehoben. Die Altenpfleger bemühen sich wirklich sehr darum, dass es ihr immer gut geht. Dass es trotzdem ab und zu zu Reibereien kommt, weil Walli sehr stur sein kann und die Demenz mittlerweile schon sehr weit fortgeschritten ist, lässt sich nicht vermeiden. Sie hat jetzt sogar schon manchmal Schwierigkeiten, die Wochentage zu erkennen. Aber der Sonntag ist immer der Höhepunkt der Woche. Dann hole ich sie zum Gottesdienst ab, und sie kommt unter andere Leute. Die Mitarbeiter im Altenheim sind immer wieder verblüfft, dass ich dies so regelmäßig durchziehe.

Doch ich denke mir, dass der ein oder andere vielleicht doch eines Tages erkennt, dass Gottes Liebe über alles siegt, da ich mittlerweile durch diese Geschichte zu allen Mitarbeitern dort ein sehr freundliches und offenes Verhältnis aufbauen konnte. Sie sehen sozusagen, was es bedeutet, Nächstenliebe zu praktizieren. Und was die Geschichte mit Rosi betrifft, habe ich für mich erkannt, dass das Gericht damals vor der Einweisung in ein Altenpflegeheim wahrscheinlich zu einem anderen Resultat gekommen ist, weil ein Arzt bescheinigt hatte, dass sie dement sei und nicht mehr allein in ihrer Wohnung bleiben könne. Anders kann ich mir die Situation nicht erklären, weil ich hundertprozentig weiß, dass sie nie im Heim wohnen wollte. Ihr Leben wurde also durch einen Arzt und den Willen der eigenen Kinder bestimmt. Es ist erschreckend, welchen zum Teil negativen Einfluss manche Menschen haben können. Was mich jedoch betrifft, ich bin froh darüber, dass ich die gesetzliche Vertretung sowohl für Swetlana als auch für Walli übernommen habe, da ich so auch Dinge kennenlernen konnte, mit denen ich sonst nie in Berührung gekommen wäre. Mein emotionaler und geistiger Horizont hat sich erweitert, weil ich erfahren durfte, was Menschen leisten müssen, die im Pflegebereich in der Werkstatt für Behinderte und im Altenheim arbeiten. Da ich diesmal hautnah miterleben konnte, wie so ein Prozess der Aufnahme eines alten Menschen im Pflegeheim abläuft, war ich noch mehr geschockt von der Art und Weise, wie drei Jahre zuvor meine andere Bekannte Rosi von ihren eigenen Kindern behandelt wurde. Rosis Demenz war nicht so weit fortgeschritten wie Wallis, als sie ins Altenheim musste. Das ist auch der Grund dafür, dass ihre Kinder damals keine Pflegestufe für sie beantragt hatten. Der Mitarbeiter des Medizinischen Dienstes fragt nämlich den alten Menschen mehrmals, ob er im Heim bleiben oder in seine Wohnung zurückkehren möchte. Rosi hätte damals hundertprozentig mit Nein geantwortet, weil sie von ihren Kindern weder gefragt noch darüber informiert worden war, dass sie den Rest ihres Lebens in einem Heim verbringen sollte. Sie hätte in dem Stadium ihres geistigen Zustandes noch in ihrer Wohnung bleiben können. Man hätte nur eine häusliche Krankenpflege beantragen müssen.

Noch schlimmer ist jedoch der Fakt, dass Rosi von ihren eigenen Kindern sogar in die geschlossene Abteilung für Demenzkranke des Altenheimes gebracht wurde. Mir ist bis heute nicht klar, wie sie es angestellt haben, dass die Tochter die gesetzliche Vertretung für sie bekommen hatte, obwohl vom Vormundschaftsgericht wirklich sehr genau geprüft wird, ob die Einverständniserklärung der alten Leute vorliegt. Das ist alles sehr traurig, aber wenn Familienverhältnisse so zerrüttet sind, dass keine emotionale Bindung mehr besteht, dann kann man als Außenstehender auch nichts mehr bewirken. Es ist interessant, dass sich viele fragen, warum ich mich so für Menschen einsetze, die noch nicht einmal mit mir verwandt sind. Sie können sich nicht vorstellen, dass es Menschen gibt, die nur aus Nächstenliebe und nicht aus Geldgier handeln. Aber genau daran erkennt man einen bekennenden Christen. Er wird Jesus immer ähnlicher, weil er das so will.

## Die Reaktion auf meine Veröffentlichungen im Internet

Ich bin davon überzeugt, dass wir Menschen uns in der Endzeit befinden, die in der Bibel beschrieben wird. Vieles, was heute in der Weltpolitik geschieht, stimmt genau mit dem überein, was die Propheten und Jesus vorausgesagt haben. Ich habe mir nicht explizit Seiten im Internet gesucht, die sich mit sogenannten „Verschwörungstheorien" befassen. Aber eines Tages stieß ich auf einen Beitrag, der mein Interesse weckte. Hier wurden einige meiner Fragen durch Fakten beantwortet, denn seit September 2015 hat sich das politische Klima in Europa extrem verändert. Und auf einmal erschien mir nicht mehr alles so logisch, was in der Welt geschieht. Meine Arbeit wurde vielfältiger und meine Beiträge in Facebook durch das Studium verschiedener Beiträge umfangreicher. Der Heilige Geist gab mir nach und nach Einblicke darüber, worin die Bedeutung der Religion Islam besteht und wie die Welt, in der wir leben, strukturiert ist. Ich habe diese Erkenntnisse wie immer im Internet in Facebook verbreitet, weil ich möchte, dass auch alle anderen die Wahrheit erfahren. Das hat allerdings dazu geführt, dass ich seitdem von einigen Namenschristen attackiert werde, die sich in einer Gruppe zusammengeschlossen haben und ihre Pflicht darin sehen, alle Menschen, die sie für „Verschwörungstheoretiker" halten, zu entlarven. In einer Demokratie muss es möglich sein, verschiedene Meinungen auszuhalten, auch wenn sie mit meinen nicht übereinstimmen. Aber das ist das Problem dieser Leute. Sie wollen nicht akzeptieren und noch nicht einmal die Möglichkeit in Betracht ziehen, dass diese Dinge tatsächlich existieren könnten, von denen ich im Internet berichte. Ich bin auch nicht mit allem einverstanden, was andere denken, würde aber niemals auf die Idee kommen, sie zu denunzieren. Genau das haben diese Leute jedoch getan. Sie schickten meinem Arbeitgeber Texte zu, die mich als „rechtsextremen Fanatiker" entlarven sollten. Dabei habe ich im Internet nur Fakten wiedergegeben, die nachweisbar sind. Ich habe jedoch den Eindruck, dass Kritik an der politischen Situation oft unangebracht oder sogar unerwünscht ist.

Ich habe in meiner Berufspraxis bisher fast nur muslimische Menschen getroffen, die genauso friedlich sind wie die meisten Deutschen auch. Deshalb würde ich niemals behaupten, dass alle Muslime gewaltbereit sind und unsere Gesellschaftsordnung so verändern wollen, dass sie ihren Vorstellungen entspricht. Die meisten Muslime haben nur den Wunsch, in Frieden zu leben und als gleichwertiges Mitglied dieser Gesellschaft anerkannt zu werden. Ich bin als bekehrter Christ also schon in der Lage, zwischen der Religion Islam als solches und deren Anhänger, die teilweise nur durch die Tatsache, dass sie in einem muslimischen Land geboren wurden, in welchem der Islam die Staatsreligion ist, zu diesem Glauben gekommen sind, zu unterscheiden. Die genannten Christen sehen das jedoch anders. Da sie der Meinung sind, dass jemand, der eine kritische Einstellung zum Islam hat, dadurch auch automatisch negativ zu den Muslimen eingestellt sein muss, sehen sie ihre Aufgabe darin, meine Entlassung zu forcieren und damit meine Existenz zu zerstören. Ich erlaube mir absolut kein Urteil über das Verhalten dieser Leute, da sie tatsächlich davon überzeugt sind, das Richtige zu tun. Sie wollen die Flüchtlinge beschützen und den Rechtsextremismus bekämpfen. Das ist sehr lobenswert, muss aber im richtigen Rahmen geschehen. Ich hoffe, dass sie eines Tages ihren Fehler erkennen und feststellen werden, dass sie das Leben eines Menschen ruiniert hätten, wenn nicht der Heilige Geist seine schützende Hand über mich gehalten hätte. Jemandem bewusst zu schaden, egal aus welchen Beweggründen, ist nicht christlich. Hoffentlich erkennen diese Leute das bald. Ich verurteile sie nicht wegen ihres Verhaltens, weil ich weiß, dass diese Menschen verblendet sind. Durch diese Geschichte ist mir jedoch auch klar geworden, dass wir als Christen bedingungslos auf Gott vertrauen und gehorchen müssen, wenn wir in dieser Welt nicht untergehen wollen. Im Juli 2016 erhielt ich eine Abmahnung von meinem Arbeitgeber mit der Bemerkung, dass mir sofort gekündigt wird, wenn ich weiterhin kritische Texte im Internet veröffentliche. Die Denunzianten hatten sich nicht nur an meinen Arbeitgeber, sondern auch an die Presse gewendet. Aber die interessierte sich nicht für jemanden wie mich. Es machte sie offenbar sehr wütend, denn genau ein Jahr und drei Monate später versuchten sie es erneut. Meine Abmahnung war zu dem Zeitpunkt zum Glück schon verjährt, denn sonst hätte ich keine Chance gehabt. Ich hätte sofort meinen Arbeitsplatz verloren. Mir ist es bis heute ein Rätsel, wie der Herr es geschafft hat, mich so lange von ihnen fernzuhalten.

Im September 2017 folgte die zweite Attacke. Wieder beschwerten sie sich beim Arbeitgeber und anderen Behörden über jemanden wie mich, der „rechtsextreme Ansichten" im Internet verbreitet. Meine Chefin war natürlich nicht glücklich über diese Situation, weil sie nicht verstehen konnte, dass ich auch weiterhin kritische Texte veröffentlichte, obwohl mir klar sein müsste, in welcher schwierigen Lage ich mich befinde. Ein vernunftbegabter Mensch, der nicht vom Heiligen Geist geleitet wird, hätte dies auch nicht getan. Auf die Frage, warum ich trotz der mir bekannten eindeutig sehr komplizierten Situation weiterhin in Facebook Texte veröffentlichte, die nicht unbedingt mit der öffentlichen Meinung übereinstimmten, antwortete ich schlicht und einfach, dass ich eine Meinung habe. Nach diesem Ereignis ging ich jedoch den Kompromiss ein und gab meinem alten Konto in Facebook einen anderen Namen. Gleichzeitig erstellte ich ein neues Konto, auf dem ich monatelang weniger kritische Texte schrieb. Ich weiß, dass ich diese Situation ohne die Unterstützung des Heiligen Geistes niemals überstanden hätte. Mein Freund Johaness schrieb mir, dass all diese Dinge Anfeindungen Satans sind, gegen die ich mich wehren muss. Vom Verstand her habe ich das schon begriffen, aber mein Körper sagte mir, dass es der reine Wahnsinn und meine Vernichtung wäre, wenn ich an dieser Stelle weitermachen würde. Dieser innere Konflikt hat mich wirklich sehr beschäftigt. Ich habe den Heiligen Geist immer wieder darum gebeten, mir zu zeigen, was ich tun soll und ob meine Texte tatsächlich der Wahrheit entsprechen. Ich habe ihm gesagt, dass er mich daran hindern soll, Lügen zu verbreiten, wenn dem so ist. In der Vergangenheit war das immer so, dass ich Dinge, die nicht korrekt sind, tatsächlich nicht schreiben konnte.

Am 17.07.2016 war ich im Gottesdienst und bekam eine Botschaft, die eindeutiger nicht sein konnte. Dieser Tag wurde zum Wendepunkt für mein ganzes Leben. Der Pastor sprach in seiner Rede davon, dass wir keine lauwarmen Christen sein sollen, die etwas anfangen und nicht zu Ende bringen. Obwohl er seine Worte natürlich an alle gerichtet hatte, fühlte ich mich persönlich angesprochen. Ich habe noch am selben Tag damit begonnen, auch den Rest der Erkenntnisse zu veröffentlichen. Ich habe mich also hundertprozentig in die Hände des Heiligen Geistes begeben und nicht mehr auf meinen Verstand allein vertraut, der mir sagte, dass ich dumm bin, wenn ich meine Existenz wegen solcher Dinge aufs Spiel setze. Gott will von mir, dass ich diese Informationen weitergebe und dass ich gehorsam bin. Ich weiß, dass er mich nie etwas tun lassen würde, was mich vernichten würde. Und da ich in den letzten Jahren so viele positive Erfahrungen mit Jesus machen durfte, bin ich letzten Endes über meinen Schatten gesprungen, habe meine Angst überwunden und Gottes Willen getan.

Einige werden jetzt vielleicht sagen, dass ich viel Glück in meinem Leben hatte und dass viele Probleme nur deshalb gelöst wurden, weil ich eine positive Einstellung zum Leben habe und im Laufe der Jahre mir Beziehungen aufbauen konnte, die in meiner beruflichen Tätigkeit sehr hilfreich sind. Das ist wahr und ich dementiere das auch nicht. Aber wie ich mich persönlich fühle, seitdem ich mich bekehrt habe, das spüre nur ich allein. Ich verhielt mich früher vollkommen anders im Umgang mit meinen

Mitmenschen, was viele, die mich noch von damals kennen, auch bestätigen. Sie wundern sich jedoch nicht nur darüber, wie ich mich heute in vielen Situationen verhalte. Meine Freunde, Bekannten und Familienangehörigen fragen sich auch, woher ich all die Kenntnisse über den Glauben bekommen habe. Es ist wirklich so, dass der Heilige Geist den bekehrten Christen zeigt, was sie wissen müssen. Ich gebe auch zu, dass ich noch immer kein fleißiger Bibelleser bin und mich auch nicht hundertprozentig an alle Gesetze halte, die in der Bibel stehen. Im Internet posten sehr viele gläubige Christen, dass es wichtig ist, alle Gesetze zu befolgen. Ich bestreite das nicht, aber wenn dies zum Mittelpunkt meines Lebens wird, dann bin ich nicht anders als die Pharisäer zu Jesus Zeiten. Natürlich müssen wir darauf hinweisen, wie wichtig es ist, Jesus zu folgen. Aber wenn wir den anderen nur immer wieder mit erhobenem Zeigefinger drohen und sie zurechtweisen, erreichen wir gar nichts. Niemand möchte ständig belehrt werden. Meiner Meinung nach ist es wichtiger, anhand unserer eigenen Person und unseres Handelns zu zeigen, wie Gott sich bekehrte Christen wünscht. Wir sollen innerlich ausgeglichen, gut gelaunt und freundlich zu jedem sein. Und das jeden Tag und zu jedem. Bei mir trifft das fast immer zu. Ich besitze tatsächlich die innere Ausgeglichenheit, die ich für meinen Job, meine Freunde und meine Familie brauche. Meine Kollegen sagen, ich wäre tiefenentspannt. Dem stimme ich hundertprozentig zu. Allerdings hatte ich in meinem bisherigen Leben auch sehr viel Glück, was ich wie gesagt nicht nur meinen eigenen Fähigkeiten zuschreibe.

Ich gehe mit meinen neuen Erfahrungen sehr offen um und gebe sie weiter, weil ich möchte, dass einige, die das Buch lesen, zum Umdenken bewegt werden. Mir geht es bei der Beschreibung der Geschichten über die Migranten vor allem darum zu zeigen, dass ich meistens gute Erfahrungen mit ihnen machen konnte. Das ist unheimlich wichtig, weil es zurzeit eher negative Berichte über Flüchtlinge in den Medien gibt. Ich weiß natürlich auch, dass es in jeder Gemeinschaft schwarze Schafe gibt, und in manchen vielleicht sogar ein paar mehr. Aber grundsätzlich jemanden zu verurteilen, weil er einer bestimmten Religion angehört, das halte ich für falsch. Es ist schockierend, wie sogar manche Leute, die sich offiziell als Christen bezeichnen, offen Hass im Internet gegen Muslime oder Juden verbreiten. Sie sind damit genauso gefährlich und schuldig wie diejenigen, die die Stimmung in Europa durch Terroranschläge anheizen. Wir dürfen aber schon das Verhalten bestimmter Personen, unabhängig von ihrer Religion, kritisieren können. Denn wenn es nicht mehr möglich ist, etwas zu beanstanden, was unserem Moralempfinden widerspricht, dann weiß ich nicht, wohin uns dieser Weg noch führen soll. Ich weiß, dass ich mit meinen Geschichten nicht bei allen etwas bewirken werde. Manche werden sich vielleicht sogar amüsieren und sich darüber lustig machen, dass jemand wie ich solche Dinge öffentlich macht. Mich stört das nicht, weil Christen sowieso immer angefeindet werden. Wichtig ist für mich vor allem zu sagen, dass ich die Christen nicht für bessere Menschen halte. Niemand wird von Gott bevorzugt, auch die Juden nicht. Sie sind nur deshalb das auserwählte Volk, weil der Herr an ihnen zeigt, wie er handelt. Und alles, was er über dieses Volk gesagt hat, ist hundertprozentig in Erfüllung gegangen. Da das auf alle Prophezeiungen der Bibel zutrifft, bin ich mir sicher, dass auch die Aussagen über die Endzeit noch eintreffen werden. Was uns Menschen allgemein betrifft, so sollten wir wissen, dass es höchste Zeit ist umzukehren. Gott wartet auf jeden, der diesen Schritt tut! Wir bekommen schon auf Erden so einiges geschenkt, was man an meiner Geschichte erkennen kann. Aber unser Antrieb sollte der Wunsch sein, mit Gott wieder ins Reine zu kommen. Denn es ist so immens wichtig, wo wir unser ewiges Leben verbringen werden. Noch hast du Zeit, doch aus menschlicher Sicht ist diese sehr kurz und kann jeden Augenblick vorbei sein! Wer endlich den inneren Frieden finden will, der einen optimistisch in die Zukunft schauen lässt, der sollte sich die Sache mit der Umkehr zu Gott noch mal genau überlegen.